Pour comprendre les MATHS

Adapté au programme marocain

PROGRAMME 2019

CE2
CYCLE 2

Guide pédagogique

Ce fichier appartient à

....

....

N. Bramand
Professeur des écoles

P. Bramand
Professeur agrégé

S. Delsalle
Professeur des écoles

É. Lafont
Professeur des écoles

C. Maurin
Formateur en mathématiques

D. Peynichou
Maître formateur

A. Vargas
Directeur d'école

hachette
ÉDUCATION

Création de la maquette de couverture : Florence Le Maux

Exécution de la maquette de couverture : Médiamax

Création de la maquette intérieure : Florence Le Maux

Mise en pages : Médiamax

Dessins techniques : Jacky Choi, Anaïs Thibaud

Fabrication : Marc Chalmin

Édition : Marika Da Costa

ISBN : 978-2-01-787265-8

www.hachette-education.com

Sommaire

D Évaluation diagnostique 4

SEMESTRE 1

Unité 1

1 Les nombres de 0 à 999 6
2 L'addition et la soustraction 8
3 Les parallèles et les perpendiculaires 10
4 La multiplication posée (1) 12
B1 Bilan de l'unité 1 14

Unité 2

5 Mesure de longueurs : du m au mm 15
6 Les nombres de 0 à 9 999 17
7 Les angles 19
8 L'addition posée avec retenue 21
B2 Bilan de l'unité 2 23

Unité 3

9 La soustraction posée avec retenue 24
10 Ordonner et présenter des données : tableaux, graphiques 26
11 Le temps 28
12 La multiplication posée (2) 30
B3 Bilan de l'unité 3 32

S1 Évaluation semestrielle (1) 33

SEMESTRE 2

Unité 4

13 La division : introduction 34
14 Reconnaissance du périmètre d'un carré et d'un rectangle 36
15 La division : quotient exact 38
16 Les fractions : introduction 40
B4 Bilan de l'unité 4 42

Unité 5

17 Mesure de masses : le kg et ses sous-multiples 43
18 Résoudre des problèmes en utilisant tableaux, graphiques 44
19 Les fractions : comparaison et rangement 46
20 Les polyèdres et leurs propriétés 48
21 Les fractions : addition 50
22 Mesure de masses : le kg et la tonne 52
23 Les triangles : classement et construction 53
24 Mesure de longueurs : du km au mm 54
B5 Bilan de l'unité 5 56

Unité 6

25 Les fractions : soustraction 57
26 La symétrie axiale 59
27 La division par un nombre d'un seul chiffre 61
28 Mesure de capacités : du L au mL 63
29 Les relations numériques 65
30 Le cercle, le disque et la sphère 67
31 La proportionnalité : tableaux de nombres proportionnels 69
32 Mesure : longueurs, masses et capacités 71
B6 Bilan de l'unité 6 73

S2 Évaluation semestrielle (2) 74
T Traitement de fin d'année 75

Matériel photocopiable 76

D Évaluation diagnostique

Fichier pp. 7-9

Remarques préalables

L'évaluation diagnostique de début d'année vise à évaluer les acquis des apprenants et à détecter précocement les lacunes et carences dans les différents domaines mathématiques décrits dans les cadres de référence.
L'analyse des réponses des élèves aura pour objectif de faciliter la consolidation et la remédiation.
Avant de commencer l'évaluation, il conviendra de s'assurer que les élèves connaissent les pictogrammes de base (carré, rond, flèche, étoile), de manière à éviter les erreurs d'identification des items.
Le matériel suivant sera nécessaire : crayon gris, gomme, règle graduée, équerre, crayons de couleur rouge, vert, bleu, jaune.
Il sera également utile de rappeler la signification des consignes essentielles : écris, entoure, complète, colorie, range, pose, calcule, barre, trace.

Consignes de passation

Pour chaque exercice, les élèves travaillent individuellement. Lire une fois la consigne à haute voix. Laisser un temps raisonnable pour réfléchir, et choisir ou écrire la réponse correspondante.

Connaissances et compétences	Consigne orale	Commentaires
1. Lire les nombres entiers jusqu'à 999.	« Dans chaque série, je vais dicter deux nombres, vous allez entourer le premier nombre que vous entendez, puis vous barrerez le second. » « Série jaune, entourez 75, barrez 65. » « Série rouge, 700 ; 400. » « Série bleue, 640 ; 930. » « Série verte, 782 ; 962. »	On évalue ici la reconnaissance de nombres dictés. • Série jaune : Les nombres de 1 à 99. Série d'entraînement, vérification de la connaissance des nombres difficiles > 69. • Série rouge : Les centaines entières. • Série bleue : Les centaines et les dizaines entières. Confusion possible entre 640 et 460. • Série verte : Les nombres de 1 à 999. Confusion avec 287 : mauvais sens de lecture « 782 ← ».
2. Écrire les nombres entiers jusqu'à 999.	« Je vais dicter des nombres de 0 à 999. Vous écrirez chaque nombre dans une case en commençant par la case jaune à gauche. Si vous ne savez pas répondre, vous mettrez une croix dans la case. » Répéter chaque nombre deux fois. Dicter : « 35 ; 82 ; 96 ; 100 ; 400 ; 520 ; 680 ; 206 ; 832 ; 777 ».	On évalue la capacité de l'élève à faire correspondre à un nombre entendu, son écriture chiffrée. Difficultés : • Les nombres difficiles entre 69 et 99 et par extension ces mêmes nombres dans des nombres de trois chiffres. • Le zéro intercalé dans 206.
3. Calculer (mentalement) une somme ou une différence.	« Pour chaque série de nombres, je vais vous dicter un calcul, vous devrez entourer le bon résultat. » Répéter chaque calcul deux fois. « Série du carré, 19 plus 4. » « Série du rond, 42 plus 30. » « Série de l'étoile, 15 moins 7. » « Série de la flèche, 85 moins 20. »	On évalue la capacité de l'élève à calculer mentalement de petites sommes ou différences. ■ : calculer une petite somme avec passage de la dizaine ; 19 + 4 = 23 ● : ajouter des dizaines entières ; 42 + 30 = 72 ★ : calculer une petite différence avec passage de la dizaine ; 15 – 7 = 8 ➔ : retrancher des dizaines entières ; 85 – 20 = 65
4. Connaître les tables de multiplication.	« Je vais dicter des multiplications. Vous écrirez chaque nombre dans une case en commençant par la case jaune à gauche. Si vous ne savez pas répondre, vous mettrez une croix dans la case. » Répéter chaque calcul deux fois. Dicter : « 4 × 2 ; 6 × 5 ; 5 × 10 ; 7 × 3 ; 5 × 4 ; 4 × 6 ; 7 × 7 ; 2 × 8 ; 8 × 8 ; 8 × 9 ».	La connaissance des tables de multiplication est essentielle pour le calcul de multiplications posées, mais également pour la résolution de problèmes. Correction : 8 ; 30 ; 50 ; 21 ; 20 ; 24 ; 49 ; 16 ; 64 ; 72.
5. Décomposer et écrire les nombres jusqu'à 999.	Décrire le tableau : – 1re colonne ➔ écriture en chiffres ; – 2e colonne ➔ décomposition additive ; – 3e colonne ➔ écriture en lettres. « Vous allez devoir compléter le tableau comme dans l'exemple de la ligne jaune. »	Cet exercice permet de vérifier que l'élève sait effectuer une décomposition additive d'un nombre de trois chiffres (centaines entières, dizaines entières et unités), qu'il connaît l'écriture littérale de ce nombre, et fait la correspondance entre ces trois écritures. Le nombre 740 n'a pas d'unité. Il n'y a pas de zéro intercalé.
6. Intercaler des nombres entiers jusqu'à 999.	« Je vais vous dicter 6 nombres. Vous devrez écrire chaque nombre dans l'étiquette qui convient. Vous avez le droit d'écrire le nombre que vous entendez sur votre ardoise avant de l'écrire dans l'étiquette. » Répéter chaque nombre deux fois. Dicter : « 25 ; 456 ; 780 ; 178 ; 969 ; 615 ».	Cet exercice permet de vérifier si, en ce début de troisième année, l'élève est capable de positionner un nombre inférieur à 1 000 entre les deux centaines entières les plus proches.

<table>
<tr><th>Connaissances et compétences</th><th>Consigne orale</th><th>Commentaires</th></tr>
<tr><td>7. Ranger des nombres entiers.</td><td>« Rangez ces quatre nombres dans l'ordre décroissant. Vous avez le droit de barrer un nombre quand il a été utilisé. »</td><td>Connaissance du signe « > » : « est plus grand que » ou « est supérieur à ».
Connaissance des règles de numération avec notamment la signification du zéro intercalé.
Correction : 420 > 402 > 189 > 64.</td></tr>
<tr><td>8. Poser et effectuer une opération sans retenue.</td><td>« Vous allez devoir poser et calculer le résultat de chacune de ces trois opérations, en utilisant le quadrillage. Faites attention aux signes des opérations. »</td><td>L'évaluation portera sur la qualité de la pose (respect des colonnes) et sur la connaissance de la technique opératoire.
Pour faciliter l'exercice, les élèves disposent d'une matrice prédéfinie pour poser les opérations.</td></tr>
<tr><td>9. Poser et effectuer une opération avec retenue.</td><td>« Vous allez devoir poser et calculer le résultat de chacune de ces trois opérations, en utilisant le quadrillage. Faites attention aux signes des opérations. »</td><td>L'évaluation portera essentiellement sur la bonne gestion des retenues.
Pour faciliter l'exercice, les élèves disposent d'une matrice prédéfinie pour poser les opérations.</td></tr>
<tr><td>10. Lire et interpréter les données contenues dans un tableau.</td><td>« En utilisant le tableau suivant, vous allez devoir répondre aux questions de l'énoncé. »
Lire collectivement la totalité de l'énoncé. Ne pas rappeler les règles de lecture d'un tableau.</td><td>Correction : Adam est allergique aux fruits à coque et aux œufs. Yanis et Mehdi ne peuvent pas manger de crustacés.
<table>
<tr><th></th><th>Fruits à coque</th><th>Crustacés</th><th>Lait de vache</th><th>Œufs</th></tr>
<tr><td>Sara</td><td>×</td><td></td><td>×</td><td></td></tr>
</table></td></tr>
<tr><td>11. Mesurer la longueur d'un segment en centimètres.</td><td>« Avec votre règle graduée vous devez mesurer les longueurs des trois segments et les écrire dans les étiquettes. N'oubliez pas d'écrire aussi l'unité. »</td><td>Les élèves mesurent ici des longueurs en centimètres entiers. Si les extrémités des segments ne sont pas positionnées sur le zéro de la graduation mais sur le bord de la règle, la lecture sera difficile car on ne tombera pas sur des centimètres entiers.
Correction : 5 cm ; 3 cm ; 10 cm.</td></tr>
<tr><td>12. Savoir lire l'heure.</td><td>« Observez ces deux pendules et écrivez en dessous l'heure du matin qu'elles indiquent. »</td><td>On évalue la lecture des demi-heures et des quarts d'heure. L'erreur récurrente consiste à lire l'heure la plus proche de l'aiguille rouge : 12 h 45 au lieu de 11 h 45.
Correction : 11 h 45 ; 2 h 30.</td></tr>
<tr><td>13. Utiliser le gramme et le kilogramme.</td><td>« Observez la balance. Elle est à l'équilibre. Écrivez la masse du livre et répondez à la question par une phrase. »</td><td>Il n'y a pas de conversion d'unités.
Correction : 1 kg 250 g
La masse du livre est 1 kg 250 g.</td></tr>
<tr><td>14. Utiliser la monnaie.</td><td>« Vous devez entourer la monnaie qui est nécessaire pour avoir 84 Dh. »</td><td>Cet exercice permet de vérifier si l'élève sait décomposer une somme d'argent en utilisant la monnaie courante. Il n'y a qu'une seule solution : 50 Dh ; 20 Dh ; 10 Dh ; 2 Dh ; 2 Dh.</td></tr>
<tr><td>15. Utiliser le litre et le centilitre.</td><td>« Dans cet exercice, vous allez devoir répondre à une question en utilisant les données d'un énoncé. La ligne en pointillés servira à écrire le calcul. »
Lire la totalité de l'énoncé.</td><td>À travers un problème quotidien, on vérifie la connaissance de la relation 1 L = 100 cL.
Correction : 1 L + 50 cL + 50 cL = 200 cL = 2 L
Il a préparé 2 L de boisson.</td></tr>
<tr><td>16. Se déplacer sur un quadrillage.</td><td>« Observez le quadrillage. Il s'agit d'une salle de séjour vue de dessus. Vous allez devoir écrire les codes des cases par lesquelles le robot-aspirateur va passer pour aller au bout du chemin blanc. La case jaune de départ est déjà écrite. »</td><td>Cet exercice permet de vérifier si l'élève sait se repérer sur un quadrillage et coder une case en fonction du nom de la ligne et du nom de la colonne correspondante.
Correction : (D ; 5) (D ; 4) (D ; 3) (C ; 3) (B ; 3) (B ; 2).</td></tr>
<tr><td>17. Reconnaître des solides.</td><td>« Prenez vos crayons de couleur. Vous voyez quatre solides différents. Vous allez devoir colorier chaque solide de la bonne couleur. »</td><td>Les solides élémentaires (cube, parallélépipède, cylindre et pyramide) ont été travaillés en deuxième année.</td></tr>
<tr><td>18. Construire les figures géométriques.</td><td>« À l'aide des sept points noirs, tracez avec votre crayon gris un carré, un triangle et un rectangle, puis coloriez-les avec les bonnes couleurs. »</td><td>Il n'y a qu'une solution pour le carré et le rectangle. En revanche, n'importe quel triangle est considéré comme une bonne réponse.
En général les élèves ne colorieront pas sur une surface déjà coloriée.
On s'attend donc à la solution suivante : 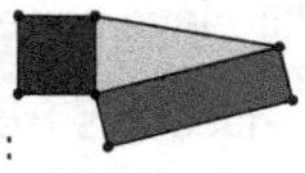</td></tr>
<tr><td>19. Tracer une droite.
Tracer un angle droit.</td><td>« À l'aide de votre règle et de votre équerre, tracez une droite qui passe par les points A et B, puis un angle droit dont le sommet est le point A. »</td><td>La droite (AB) doit dépasser les points A et B, sans quoi on ne peut pas évaluer si l'élève différencie segment et droite.
L'angle droit n'aura pas obligatoirement un côté confondu avec (AB). Tout angle droit de sommet A est une réponse exacte.</td></tr>
</table>

1 Les nombres de 0 à 999

Fichier pp. 10-11

Programme	**Les nombres de 0 à 999.** Lecture et écriture, comparaison et rangement de ces nombres.
Objectifs de l'apprentissage	Lire, écrire, comparer et ranger les nombres de 0 à 999.
Remarques préalables	Cette première leçon de l'année est une séance de révision des nombres entiers inférieurs à 1 000. Elle vise à mettre en œuvre les acquis de la deuxième année. Le nombre 100 engendre une nouvelle famille de nombres. La cohérence et l'apparente simplicité de notre système de numération masquent la complexité aux yeux des élèves. Il faut se souvenir que l'humanité a mis quarante siècles à élaborer ces règles. Veiller, donc, à ne pas limiter le travail à une simple lecture oralisée des écritures chiffrées, mais à faire comprendre aux élèves les règles de groupement et de position qui fondent l'écriture chiffrée des nombres. Les nombres de trois chiffres obéissent aux mêmes règles de numération que les nombres de deux chiffres. Il est important de rappeler aux élèves cette continuité pour qu'ils avancent en confiance dans le domaine des grands nombres. **Difficultés de la leçon** – Ne pas se laisser impressionner par la taille des nombres. – Percevoir la permanence des règles de numération. **Aide** Utiliser le matériel de numération.

Calcul mental : Dictée de nombres inférieurs à 100

Séances 1 à 3 (sur ardoise)
Séance 1 : *Dictée de nombres < 70.*
Séance 2 : *Dictée de nombres < 80.*
Séance 3 : *Dictée de nombres < 100.*

Séance 4 (sur fichier)
➔Dire : « 75 » ; l'élève écrit 75.
***Items :** « 75 » ; « 92 » ; « 65 » ; « 83 » ; « 90 ».*

Séance 5 : *Consolidation des séances précédentes.*

Séance 1

Activités collectives de construction du concept

Activité 1 : Jouer avec les cartes-nombres

Organisation : Classe entière.

Matériel : Pour la classe : trois boîtes de 9 cartes (feuille de format A6) : une boîte bleue pour les centaines (1 c à 9 c) ; une boîte verte pour les dizaines (1 d à 9 d) ; une boîte jaune pour les unités (1 u à 9 u) ; matériel de numération : plaques centaines, barres dizaines et jetons unités.
Par élève : une ardoise.

- Placer les trois boîtes de cartes sur une table face aux élèves.
- Montrer le contenu de ces boîtes. La classe commente : « Ces cartes représentent les centaines, les dizaines ou les unités. »
- Au tableau, tracer alors le tableau de numération avec 3 colonnes : c, d, u.

Manipuler
- Inviter un élève à tirer une carte dans chacune des boîtes (dans le désordre).
- Montrer les trois cartes à la classe (par exemple : 9 u, 6 c, 5 d).
- Faire écrire ces chiffres dans le tableau de numération où centaines, dizaines et unités sont ordonnées.
- Demander à un autre élève d'utiliser le matériel de numération pour représenter ce nombre : 6 plaques centaines, 5 barres dizaines et 9 jetons unités.

Débattre, symboliser
- Demander aux autres élèves d'écrire, sur leur ardoise, le nombre en chiffres (659), puis sous forme de décomposition additive : 659 = 600 + 50 + 9.
- Lire ce nombre puis l'écrire en toutes lettres au tableau.

Les tirages sont répétés plusieurs fois avec des élèves différents et dans des ordres différents.
Reprendre cette activité en tirant seulement 2 cartes parmi les trois boîtes.
Apparaît alors la nécessité d'utiliser le chiffre 0 pour représenter les nombres tels que 508 ou 580.

Activité 2 : Comparer, ordonner des nombres

Désigner cinq élèves et distribuer dans le désordre une étiquette-nombre à chacun d'eux.

Manipuler
- Demander de se présenter face à la classe, de lire le nombre de leur étiquette et de le montrer à leurs camarades.
- Leur demander de s'aligner le long du tableau, de telle sorte que les nombres soient ordonnés dans l'ordre croissant (du plus petit au plus grand), de la gauche vers la droite.

• Faire intervenir un sixième élève, si les cinq élèves n'arrivent pas à exécuter la consigne, qui les aidera à se placer.

Débattre

Leur demander la technique qu'ils ont utilisée pour ordonner ces nombres. Attendre une réponse du type : « Je compare les chiffres des centaines, puis ceux des dizaines et enfin ceux des unités. »

Symboliser

• Demander quel symbole mathématique on utilise pour ordonner les nombres dans l'ordre croissant, dans l'ordre décroissant.
• Inviter les élèves à écrire cette suite ordonnée sur leur ardoise en utilisant le signe <.
• Attendre une réponse du type :
« 363 < 450 < 482 < 718 < 719 ».

Activité 3 : Exercice 1 du fichier

Cet exercice permet de repérer les élèves qui n'ont pas assimilé la numération de position et la signification de la position de chaque chiffre dans le nombre.
Dans la seconde partie de l'exercice, les élèves doivent ranger ces trois nombres dans l'ordre croissant. Veiller à ce que les élèves utilisent les règles de comparaison des nombres que l'on rappellera.
La dernière partie de cet exercice est le passage de l'écriture littérale, à l'écriture en chiffres. Pour aider les élèves qui sont en difficulté, utiliser le tableau de numération en y plaçant les chiffres au fur et à mesure qu'ils sont énoncés.

Séance 2

Activités individuelles de mathématisation

Exercices 2, 3 et 4

2 Les élèves doivent trouver le précédent et le suivant de 3 nombres. Pour cela, ils devront « passer » à la dizaine inférieure ou supérieure ou bien « passer » à la centaine inférieure ou supérieure.
708 - 709 - 710 ; 698 - 699 - 700 ; 899 - 900 - 901.

3 Ce tableau sert de récapitulatif à toutes les écritures rencontrées pour les nombres de trois chiffres. Il permet à l'enseignant de bien cibler les éventuelles lacunes concernant l'écriture et la décomposition de ces nombres et d'y remédier. Il permet aussi à l'élève d'avoir une vue d'ensemble des différentes façons d'écrire un nombre de trois chiffres.

4 Cet exercice permet de vérifier si les élèves connaissent la valeur de chaque chiffre d'après leur position dans un nombre. Pour aider ceux qui sont en difficulté, l'enseignant utilisera le tableau de numération en y inscrivant les nombres donnés.

Séance 3

Exercices 5, 6, 7, 8 et 9

5 C'est un exercice de comparaison. La règle pour comparer deux nombres est rappelée aux élèves en difficulté.

6 Les élèves doivent ranger 4 nombres du plus grand au plus petit. Comme dans l'exercice 5, les élèves doivent utiliser la règle de comparaison des nombres de trois chiffres.

7 Cet exercice permet de vérifier si les élèves savent intercaler des nombres sur une droite graduée de 50 en 50.

8 Les élèves doivent encadrer des nombres entre 2 centaines. L'utilisation d'une droite graduée de 100 en 100 est une aide pour les élèves en difficulté.

9 Pour réaliser cet exercice, les élèves doivent compléter une suite de 10 en 10 en franchissant une centaine.

Séance 4

Évaluation formative

Exercices 10 et 11

10 Ce tableau permet de vérifier si les élèves maîtrisent toutes les écritures rencontrées pour les nombres de trois chiffres.

11 Il faut trouver dans des séries de trois nombres le plus petit et le plus grand. L'exercice a pour but de vérifier l'utilisation de la règle de comparaison des nombres.

Séance 5

Consolidation

Remédiation : Exercice 12

Les élèves doivent écrire un nombre à partir de sa décomposition additive.

Approfondissement : Exercice 13

Le chiffre des centaines est pair car c'est un double (le double du chiffre des dizaines). Ce chiffre est 2 car le nombre doit être inférieur à 300. (2 est le seul nombre pair inférieur à 3). Le chiffre des dizaines est donc la moitié de 2, soit 1. Le nombre est donc 210.

2 L'addition et la soustraction

Fichier pp. 12-13

Programme	**Les nombres de 0 à 999.** Addition et soustraction dans le domaine des nombres de 0 à 999.
Objectifs de l'apprentissage	Additionner et soustraire les nombres de 0 à 999.
Remarques préalables	Cette leçon réinvestit les leçons du CE1 sur l'addition et la soustraction posées. Elle insiste sur la pose de ces opérations et la gestion des retenues. L'addition est étendue à la somme de 3 nombres. **Difficultés de la leçon** – Savoir placer correctement les chiffres en colonnes : unités sous les unités, dizaines sous les dizaines… – Comprendre la notion de « retenue » et savoir la reporter. – Connaître les tables et les techniques de calcul. **Aide** Utiliser les colonnes du quadrillage Seyès pour bien aligner les chiffres et poser les nombres en écrivant d'abord le chiffre des unités sous les chiffres des unités.

Calcul mental : Décompositions additives canoniques

Séances 1 à 3 (sur ardoise)
Séance 1 : *Dire un nombre < 70 ; l'élève écrit sa décomposition additive canonique.*
Séance 2 : *Compléter une décomposition additive canonique d'un nombre compris entre 70 et 100 ; Écrire : 73 = 70 + … ; l'élève écrit : 73 = 70 + 3.*
Séance 3 : *Dire un nombre < 100 ; l'élève écrit sa décomposition additive canonique.*

Séance 4 (sur fichier)
➔*Écrire 65 ; l'élève écrit 60 + 5.*
Items : *65 ; 78 ; 86 ; 92 ; 74.*

Séance 5 : *Consolidation des séances précédentes.*

Séance 1

Activités collectives de construction du concept

Activité 1 : Additionner avec le matériel de numération

Organisation : Groupes de 4 élèves.
Matériel : Par groupe : trois enveloppes portant un des nombres 184 ; 246 ; 93 et contenant le matériel de numération correspondant à ce nombre ; une enveloppe réserve contenant du matériel de numération (matériel photocopiable en fin de guide).

▪ Faire lire l'énoncé d'un problème écrit au tableau : « *En une journée, un glacier a vendu 184 glaces à la fraise, 246 glaces à la vanille et 93 glaces au chocolat. Combien de glaces a-t-il vendues en tout dans la journée ?* »

Manipuler
▪ Distribuer à trois élèves de chaque groupe une enveloppe sur laquelle est inscrit le nombre de glaces vendues et dans laquelle se trouve le matériel de numération correspondant à ce nombre. Le quatrième élève du groupe va jouer le rôle de banquier et reçoit une réserve de jetons, de barres dizaines et de plaques centaines.
▪ Demander à chaque groupe de mettre en commun le matériel de numération et de réaliser les échanges qui permettent de faire apparaître la représentation du nombre total de glaces vendues dans la journée.
▪ Rappeler la règle : n'avoir jamais plus de 9 éléments de même nature (jetons unités, barres dizaines, plaques centaines).

Débattre
▪ Demander quels échanges ont été nécessaires pour obtenir la représentation du nombre correspondant à la somme finale.
▪ Dessiner au tableau le matériel de numération correspondant à la mise en commun du matériel contenu dans les 3 enveloppes : 13 jetons unités, 21 barres dizaines, 3 plaques centaines.
▪ Faire venir un élève au tableau.
▪ Entourer un paquet de 10 jetons que l'on remplace par une barre dizaine après échange.
▪ Entourer deux paquets de dix barres dizaines que l'on remplace par deux plaques centaines après échange.
▪ Au final, observer 5 plaques centaines, 2 barres dizaines et 3 jetons unités.
▪ Demander quelle opération on aurait pu écrire pour résoudre ce problème : une addition ➔ 246 + 184 + 93.

Schématiser
▪ Proposer d'organiser la manipulation précédente en mettant le matériel dans un tableau de numération.

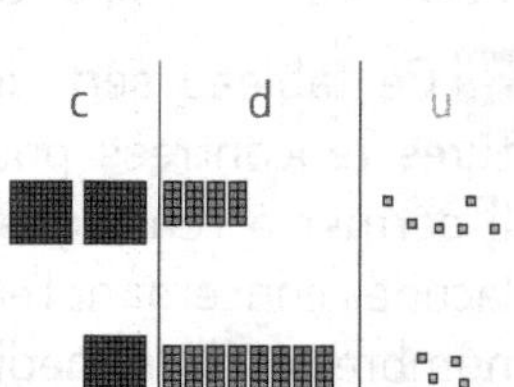

▪ Faire venir un élève au tableau.
▪ Lui faire manipuler les jetons unités pour en avoir le même nombre sous la barre d'égalité.
On remarque qu'il y en a plus de 10, donc on échange contre une dizaine. Mais cette dizaine n'a pas le « droit » d'être dans la colonne des unités, donc on la met dans la colonne des dizaines (en haut).

- Recommencer avec la colonne des dizaines et un autre élève.
- Terminer le calcul avec la colonne des centaines.

Symboliser

- Demander quel nombre correspond au matériel de numération sous la barre d'égalité : 523.
- Poser maintenant l'addition dans les colonnes du tableau de numération en remplaçant le matériel par des chiffres (y compris les retenues). L'addition posée résolue apparaît clairement.
- Interpréter chaque échange comme l'apparition d'un élément supplémentaire (une retenue) dans la colonne correspondante et montrer que le nombre 523 s'obtient en totalisant les chiffres de chaque colonne.
- Faire remarquer que la retenue n'est pas toujours égale à 1. Mettre en garde les élèves qui commencent par placer la retenue avant de calculer !

Remarque : La justification de la technique de la retenue de la soustraction sera étudiée dans les activités préparatoires à la leçon 9. Ici, pour effectuer les calculs d'Aïcha, les élèves réactivent leurs connaissances du CE1.

Activité 2 : Exercices 1 et 2 du fichier

1 Demander à un élève de venir poser l'addition de Yanis au tableau. La précaution à prendre est de bien aligner les chiffres de chaque classe.
- Inviter un autre élève à commencer le calcul en additionnant les unités.
- Faire lire la bulle de Yanis et continuer avec les dizaines : à nouveau la retenue n'est pas égale à 1 mais à 2.
- Terminer ensuite le calcul avec la colonne des centaines.

2 Demander à un élève de venir poser la soustraction d'Aïcha au tableau.
- Faire lire la bulle d'Aïcha par un élève et faire effectuer l'opération simultanément par les autres élèves sur leur cahier d'exercices. La reprendre pas à pas au tableau. Les élèves constatent la nécessité d'une retenue supplémentaire dans la colonne des centaines.

Séance 2

Activités individuelles de mathématisation

Exercices 3 et 4

3 Les élèves doivent calculer 4 additions déjà posées : l'objectif est donc la gestion de la retenue. Dans les 2 premiers calculs, les emplacements des retenues sont notés.

4 Ici, 4 soustractions sont posées : l'objectif est donc, comme précédemment, la gestion de la retenue.

Séance 3

Exercices 5, 6 et 7

5 Les élèves doivent poser puis calculer deux additions et deux soustractions. Il faudra donc être attentif à l'alignement des différents chiffres de chaque classe. De plus, pour l'addition, il faudra mettre en avant l'utilité de laisser une ligne pour les retenues.

6 Les élèves doivent compléter des additions à trous, et donc pour cela réaliser du surcomptage : 1 + ... = 7 revient à trouver le complément de 1 à 7 ou bien à calculer 7 – 1.
Les 2 premiers calculs ne comportent pas de retenues et sont donc assez simples.
La difficulté apparaît dans le dernier calcul : 5 + ... = 2 est impossible, il faut chercher : 5 + ... = 12 et ne pas oublier de noter la retenue dans la colonne des dizaines Il en est de même avec la colonne des dizaines. Pour ce dernier calcul les termes de l'addition sont 367 et 485.

7 C'est un problème à deux étapes. 478 – 85 = 393 ; 393 + 128 = 521. Le train repart avec 521 passagers. Les calculs seront effectués sur le cahier d'exercices. Être attentif à la rédaction des phrases réponses.

Séance 4

Évaluation formative

Exercices 8 et 9

8 Les élèves doivent poser et effectuer une addition et une soustraction. Les nombres comportant le même nombre de chiffres, la pose de l'opération ne devrait pas poser de difficultés particulières.

9 Pour résoudre ce problème, les élèves réaliseront une soustraction avec deux retenues puis devront écrire une phrase réponse, sans oublier de préciser l'unité. 305 – 269 = 36. La différence entre les deux sauts est égale à 36 cm.

Séance 5

Consolidation

Remédiation : Exercice 10

Les élèves doivent corriger des soustractions. La première opération est correcte. La seconde est erronée car les retenues ne sont pas prises en compte. La dernière opération comporte aussi une erreur : lors du calcul, les élèves ont soustrait systématiquement dans chaque colonne les plus petits chiffres des plus grands. Le principe même de la soustraction posée est ignoré, les retenues ne sont pas prises en compte.

Approfondissement : Exercice 11

C'est une soustraction à trous sans retenue. La pomme vaut 3 et le citron 4.

3 Les parallèles et les perpendiculaires

Fichier pp. 14-15

Programme	**Géométrie.** Les parallèles et les perpendiculaires.
Objectifs de l'apprentissage	Reconnaître, dessiner, créer des droites parallèles ou perpendiculaires à l'aide d'instruments appropriés.
Remarques préalables	Cette leçon poursuit plusieurs objectifs : permettre aux élèves d'avoir une intuition correcte des droites perpendiculaires ou parallèles au-delà de la disposition horizontale/verticale, comprendre la nécessité d'une vérification précise de l'orthogonalité de deux droites à l'aide de l'équerre, savoir utiliser l'équerre comme outil de vérification et comme outil de tracé. Le vocabulaire doit lui aussi être consolidé, et la confusion entre parallèle et perpendiculaire dissipée. **Difficulté de la leçon** Les élèves confondent souvent perpendiculaires et parallèles (confusion linguistique). **Aide** Utiliser un moyen mnémotechnique : le mot « parallèle » s'écrit avec deux « l » qui sont parallèles.

Calcul mental : Comparaisons de nombres < 100

Séances 1 à 3 (sur ardoise)
Séance 1 : *Écrire : 75 et 79 ; l'élève écrit le plus grand : 79.*
Séance 2 : *Écrire : 84 et 78 ; l'élève écrit le plus grand : 84.*
Séance 3 : *Écrire : 92 et 86 ; l'élève écrit le plus grand : 92.*

Séance 4 (sur fichier)
➜*Écrire 81 et 74 ; l'élève écrit le plus grand : 81.*
***Items :** 81 et 74 ; 73 et 63 ; 86 et 96 ; 87 et 88 ; 78 et 91.*

Séance 5 : *Consolidation des séances précédentes.*

Séance 1

Activités collectives de construction du concept

Activité 1 : Les droites perpendiculaires

Organisation : Groupes de 2 élèves.
Matériel (activité 1) : Équerre, règle graduée, ardoise, fiche (*cf.* matériel photocopiable p. 76 du guide).
Pour l'enseignant : Feuilles de papier calque.

Manipuler, verbaliser

- Distribuer la fiche du matériel photocopiable représentant plusieurs paires de droites sécantes numérotées, certaines sont perpendiculaires, d'autres ne le sont pas.
- Reproduire ces paires de droites au tableau.
- Demander aux élèves de noter sur une ardoise le numéro des paires de droites pour lesquelles il pense que les 4 angles formés par les deux droites sont identiques ou superposables.
- Relever les réponses proposées par les élèves et demander à quelques-uns de venir vérifier en dessinant un des angles formés par les deux droites sur le papier calque, puis en le déplaçant sur les autres angles pour voir s'il se superpose. Si la superposition des 4 angles est confirmée, demander à la classe de nommer cet angle, la notion d'angle droit est attendue.

Symboliser

- Préciser que les droites formant 4 angles droits sont des droites perpendiculaires et que chacun de ces quatre angles droits peut être comparé à l'angle droit d'une équerre.
- Faire vérifier l'orthogonalité ou la non-orthogonalité de chaque paire de droites à l'aide d'une équerre sur un seul des quatre angles droits.
- Rappeler la notation de l'angle droit entre deux droites perpendiculaires.

Activité 2 : Les droites parallèles

Organisation : Groupes de 5 élèves
Matériel (activité 2) : Fiche représentant deux alignements de points en vis-à-vis, dont certains sont reliés (*cf.* matériel photocopiable p. 76 du guide).

- Distribuer la fiche représentant deux alignements de points en vis-à-vis, dont certains sont reliés.
- Demander aux élèves : « *Est-ce que les deux segments noirs vont se croiser si on les prolonge ?* »
- Laisser manipuler les élèves puis recueillir leurs réponses.
- Reformuler les réponses pour préciser que ces droites ne sont donc pas parallèles.
- Poursuivre la manipulation en demandant quel changement on doit apporter à un de ces segments pour que tous soient parallèles, autrement dit pour qu'ils ne se croisent jamais.
- Demander à quelques élèves de présenter leurs travaux. On pourra recueillir ces exemples qui montrent que l'écartement se régularise et que les droites ne se rencontrent plus :

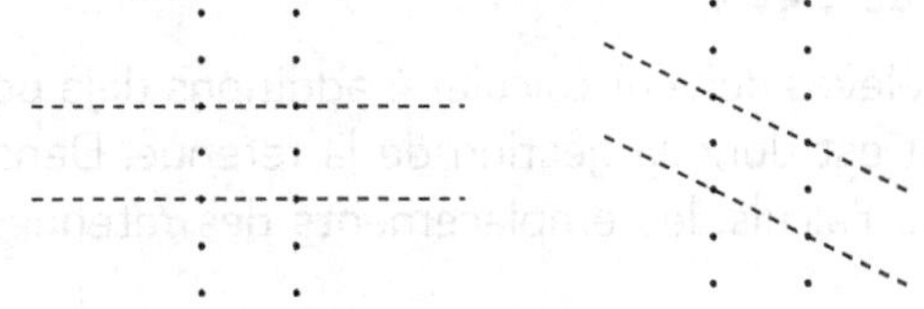

Choisir un point d'accroche pour un troisième segment et demander à des élèves de choisir le deuxième point d'accroche pour que le troisième segment soit parallèle aux deux premiers.
Valider ou non les propositions en comparant les écarts entre les segments et en procédant éventuellement au prolongement du segment.

Activité 3 : Exercices 1, 2 et 3 du fichier

1 C'est l'application directe des activités de recherche. Comme l'indique Mathix, en faisant glisser l'équerre sur la Grande Avenue, les élèves vont trouver deux rues formant un angle droit avec la Grande Avenue : la rue des Lilas et la rue des Roses sont donc perpendiculaires à la Grande Avenue. Ces deux rues sont parallèles. En observant la double flèche pointillée, les élèves vont en conclure que l'écartement est donc constant : il mesure toujours 2 cm quel que soit l'emplacement de la prise de mesure.

2 Les élèves doivent tracer une droite perpendiculaire. Proposer aux élèves de s'entraîner sur une feuille de brouillon avant de tracer sur le fichier. Passer de l'équerre à la règle pour réussir le prolongement de la droite est un moment délicat de cette construction.
Faire matérialiser l'angle droit par le symbole qui le caractérise.

3 Pour tracer deux droites parallèles, Nora s'appuie sur la droite rouge qui est le support de l'équerre et utilise la propriété suivante : deux droites perpendiculaires à une même troisième droite sont parallèles entre elles. Proposer aux élèves de s'entraîner sur une feuille de brouillon avant de tracer sur le fichier.

Séance 2

Activités individuelles de mathématisation

Exercices 4 et 5

4 Les élèves doivent repasser en bleu les droites qui sont perpendiculaires. Dans les figures proposées, les droites sécantes sont toutes obliques, ce qui rend l'identification moins évidente. Une vérification précise à l'aide de l'équerre des angles formés permet de trouver les paires de droites perpendiculaires : item 2 et item 4 (seules deux des trois droites sont perpendiculaires entre elles).

5 Cet exercice est plus difficile que le précédent car il peut introduire des confusions : les droites de l'item 1 sont perpendiculaires, les droites de l'item 2 sont parallèles et celles de l'item 3 sont sécantes. Quant à l'item 4, il introduit les deux notions : pour éviter la confusion, relier le parallélisme à l'écart constant. Les deux droites qui ne se croiseront jamais sont parallèles.

Séance 3

Exercices 6 et 7

6 Dans le premier cas, la droite rouge est horizontale. Le positionnement de l'équerre en est facilité. La droite bleue sera donc verticale.
Dans le deuxième cas, la droite rouge n'est pas parallèle à l'un des bords de la feuille, la plus grande attention au positionnement de l'équerre est donc nécessaire pour tracer une droite perpendiculaire à cette droite rouge.

7 Le tracé de la droite rouge est une aide forte car il permet de faire glisser l'équerre. Dans le premier cas, la droite rouge est horizontale. Cela facilitera le tracé des deux droites verticales perpendiculaires à cette droite rouge afin d'obtenir deux droites bleues parallèles entre elles. Dans le deuxième cas, la difficulté est introduite par la droite rouge oblique.

Séance 4

Évaluation formative

Exercices 8, 9 et 10

8 C'est un exercice d'identification similaire à celui de l'exercice 1. La rue Daudet est perpendiculaire à l'avenue Balzac et la rue Diderot est parallèle à l'avenue Balzac. Conseiller aux élèves de colorier en rouge l'avenue Balzac pour bien la repérer.

9 **10** Ce sont deux exercices de tracé : dans l'exercice 9, les élèves tracent deux droites perpendiculaires (rappeler d'utiliser l'équerre) ; dans l'exercice 10, ils tracent deux droites parallèles (ils peuvent utiliser l'équerre comme ils l'ont appris précédemment, ou faire preuve d'ingéniosité s'ils se servent des deux bords parallèles de leur règle).

Séance 5

Consolidation

Remédiation : Exercice 11

Les élèves doivent tracer une droite perpendiculaire et une droite parallèle à la droite bleue. Le travail est facilité car la droite bleue suit la ligne horizontale d'un quadrillage. Si les élèves savent que les droites d'un quadrillage se coupent en formant des angles droits, le recours à l'équerre n'est pas nécessaire pour tracer une droite perpendiculaire à la droite bleue. Aussi il suffira de suivre une autre ligne (ou interligne) horizontale du quadrillage pour tracer une droite parallèle à la droite bleue.

Approfondissement : Exercice 12

L'activité est plus ou moins difficile selon la technique de tracé qui sera choisie. Les élèves doivent prendre la décision de reporter, sur les deux poteaux, la même distance par rapport au fil déjà tracé. Cette distance sera l'écartement constant entre les droites parallèles. Ils peuvent également utiliser leur équerre et se servir du support des poteaux, après avoir vérifié que le fil déjà tracé est bien perpendiculaire aux deux poteaux.

4 La multiplication posée (1)

Fichier pp. 16-17

Programme	**Les nombres de 0 à 999.** Multiplication par un nombre composé d'un ou deux chiffres dans le domaine des nombres de 0 à 999 : technique usuelle.
Objectifs de l'apprentissage	Utiliser la technique usuelle de la multiplication pour calculer le produit de deux nombres dans le domaine des nombres entiers de 0 à 999. Estimer un résultat approximatif du produit de deux nombres. Résoudre une situation-problème.
Remarques préalables	Les élèves ont déjà appris à poser la multiplication d'un nombre entier par un nombre à un ou deux chiffres en 2e année. Cette opération leur est donc familière. Cependant, la maîtrise insuffisante des tables, l'oubli du « zéro » lorsqu'il faut multiplier par le chiffre des dizaines et les erreurs de retenues sont encore source de résultats erronés. **Difficulté de la leçon** Répertoire multiplicatif non maîtrisé. **Aide** Consulter les tables de multiplication pour résoudre l'algorithme plus facilement (plat III du fichier).

Calcul mental : Dictée de nombres inférieurs à 1 000

Séances 1 à 3 (sur ardoise)
Séance 1 : *Dictée de nombres inférieurs à 200.*
Séance 2 : *Dictée de nombres inférieurs à 600.*
Séance 3 : *Dictée de nombres inférieurs à 1 000.*

Séance 4 (sur fichier)
➔ *Dire : « 148 » ; l'élève écrit 148.*
Items : *« 148 » ; « 205 » ; « 365 » ; « 492 » ; « 860 ».*

Séance 5 : *Consolidation des séances précédentes.*

Séance 1

Activités collectives de construction du concept

Activité 1 : Multiplier par un nombre d'un chiffre

Organisation : Classe entière.

▪ Au tableau, écrire en colonne la multiplication : 134 × 5.
▪ Avant d'effectuer l'opération, demander aux élèves une estimation du résultat de cette multiplication. La technique de calcul mental la plus rapide est de multiplier la centaine de 134 par 5. Le résultat sera de l'ordre de 500 et comportera 3 chiffres.
▪ Demander à un élève de venir au tableau, pour effectuer cette opération sous la conduite du maître et le contrôle du groupe classe :
– On commence par les unités : 4 × 5 = 20.
– On écrit 0 dans la colonne des unités sous le trait horizontal et on retient ②.
– On continue avec les dizaines : 3 × 5 = 15. On ajoute la retenue : 15 + ② = 17.
– On écrit 7 dans la colonne des dizaines et on retient ①.
– On continue avec les centaines : 1 × 5 = 5. On ajoute la retenue : 5 + ① = 6.
– On écrit 6 dans la colonne des centaines.
– On lit le résultat de la multiplication : 670.
– On compare ce résultat à l'estimation calculée précédemment pour vérifier l'ordre de grandeur du résultat.
▪ Proposer d'autres multiplications : 142 × 6 ; 238 × 4 dont le résultat est inférieur à 999… que les élèves effectuent sur leur ardoise. La correction est conduite collectivement.

Activité 2 : Multiplier par un nombre de deux chiffres

Organisation : Classe entière.

▪ Au tableau, écrire en colonne la multiplication : 35 × 24.
▪ Demander à un élève de venir au tableau, pour effectuer cette opération sous la conduite du maître et le contrôle du groupe classe :
– On commence par les unités : 35 × 4 = 140 (en utilisant la technique de l'Activité 1).
– On multiplie ensuite 35 par 20. Multiplier par 20, c'est multiplier par 10 puis par 2.
– On multiplie d'abord par 10 : c'est pour cette raison qu'on écrit un 0 ; on multiplie ensuite 35 par 2.
35 × 20 = 700.
– On termine l'opération en additionnant les produits partiels : 140 + 700 = 840.
▪ Proposer d'autres multiplications : 31 × 15 ; 42 × 23… que les élèves effectuent sur leur ardoise. La correction est conduite collectivement. Attention à ne pas proposer des multiplications dont le résultat dépasse 999.

Activité 3 : Exercices 1 et 2 du fichier

1 Les élèves découvrent que Nour calcule une multiplication semblable à celle de l'Activité 1 : multiplication par un nombre à un chiffre. La nouveauté réside dans la taille du multiplicande : c'est un nombre à 3 chiffres.
▪ Commencer par calculer l'estimation de cette multiplication en suivant le conseil de Mathix : 2 centaines multipliées par 4 ➔ 800.
▪ Lire et suivre pas à pas la technique décrite dans la bulle de Nour afin de la mettre en application sur le fichier.

- Pour la correction, poser l'opération au tableau. Un élève l'effectue et la classe valide le résultat.
- Comparer ce résultat à l'estimation précédente.
- Faire remarquer qu'avec un nombre de trois chiffres multiplié par un nombre d'un chiffre, il peut y avoir deux retenues, l'une sur les dizaines et l'autre sur les centaines.
- Proposer de barrer les retenues quand elles sont utilisées pour éviter les erreurs.

2 Les élèves découvrent qu'Hassan calcule une multiplication semblable à celle de l'Activité 2 : multiplication par un nombre à deux chiffres.
- Suivre la même méthode que pour l'exercice 1.
- Insister sur le « zéro » qu'il faut placer dans la colonne des unités quand on multiplie par le chiffre des dizaines.

Séance 2

Activités individuelles de mathématisation

Exercices 3, 4 et 5

3 Exercice de vérification de résultats par l'estimation.
39 × 5 = 195 ? → proche de 40 × 5 = 200 donc résultat cohérent avec l'estimation.
25 × 8 = 60 ? → 2 dizaines × 8 = 160 donc résultat incohérent avec l'estimation : résultat faux.
110 × 6 = 950 ? → 11 dizaines × 6 = 660 donc résultat incohérent avec l'estimation : résultat faux.
210 × 3 = 630 ? → 2 centaines × 3 = 600 donc résultat cohérent avec l'estimation.
Rappeler que cette démarche d'un calcul approché permet d'obtenir une estimation rapide du résultat et de pouvoir vérifier si l'opération posée ne contient pas d'erreur grossière. Attention, cela n'empêche pas le résultat d'être erroné à cause d'une méconnaissance des tables de multiplication indétectable par cette méthode.

4 **5** Ces exercices vérifient la maîtrise de la technique de la multiplication posée. Les opérations sont déjà posées et la place des retenues indiquée. Les élèves n'ont plus qu'à les effectuer. Être surtout attentif à la bonne prise en compte de la retenue.
L'exercice 4 propose deux multiplications par un nombre à un chiffre alors que l'exercice 5 propose deux multiplications par un nombre à deux chiffres.
Le deuxième item de l'exercice 4 insiste sur la possibilité de rajouter une colonne d'écriture si nécessaire, même si elle n'est pas matérialisée dans le multiplicande : le nombre de chiffres du produit ne dépend pas de celui du multiplicande. On vérifie cela dans l'exercice 5.

Séance 3

Exercices 6, 7 et 8

6 **7** Les élèves doivent poser les multiplications en colonnes. Souligner que la disposition d'un chiffre par carreau facilite le calcul de l'addition. La dernière opération ne bénéficie d'aucune aide à la pose.

8 C'est un problème multiplicatif classique qui se résout en appliquant la technique apprise de la multiplication posée.
Le carreleur a utilisé 768 carreaux.

Séance 4

Évaluation formative

Exercices 9 et 10

9 Cet exercice évalue si l'élève maîtrise la technique usuelle du calcul de la multiplication posée. Comme dans les exercices 6 et 7, ces opérations doivent être correctement posées avant d'être effectuées. Rappeler de ne pas oublier les retenues.

10 Situation multiplicative qui se résout en appliquant la technique apprise de la multiplication posée.
Elle a nagé 25 m × 35 = 875 m.

Séance 5

Consolidation

Remédiation : Exercice 11
Les élèves doivent repérer l'erreur commise dans la multiplication erronée pour être sûr d'avoir repéré la multiplication correctement effectuée : oubli du zéro lors de la multiplication par les dizaines.

Approfondissement : Exercice 12
Trouver les chiffres cachés par les symboles. Ne pas oublier de prendre en compte les retenues.

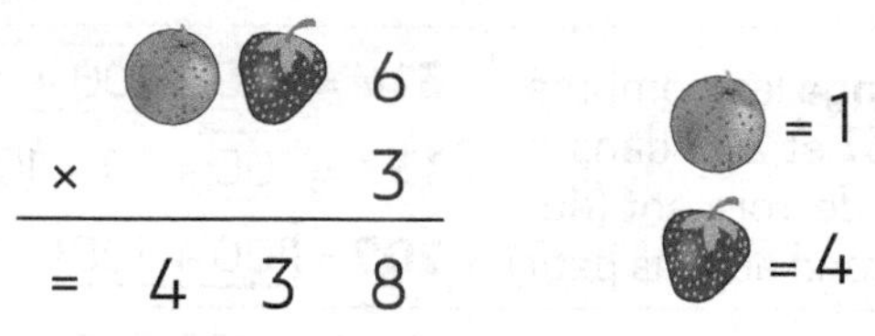

B1 Bilan de l'unité 1

Fichier pp. 18-19

Évaluation sommative

Énoncés	Réponses et commentaires
1 Colorie le plus grand nombre de chaque étiquette.	[430 | 408] [199 | 305] [657 | 653] **Remédiation :** Reprendre les règles de comparaison en comparant 199 et 305 (chiffre des centaines différents), puis 430 et 408 et enfin 657 et 653.
2 Range dans l'ordre décroissant les nombres 759, 768, 76, 670.	**768 > 759 > 670 > 76** **Remédiation :** Associer ordre décroissant à *« du plus grand au plus petit »*. Repérer le plus grand nombre, le barrer de la liste et l'écrire, etc.
3 Pose et **calcule**.	416 + 257 = 673 364 + 547 + 23 = 934 **Remédiation :** Voir exercice 2 de la partie consolidation pour la gestion des retenues.
4 Pose et **calcule**.	515 – 364 = 151 **Remédiation :** Voir exercice 2 de la partie consolidation pour la gestion des retenues.
5 Calcule.	245 × 4 = 980 **Remédiation :** Proposer à l'élève d'utiliser les tables de multiplication. Revoir la gestion des deux retenues.
6 Pose et **calcule**.	27 × 13 = 351 **Remédiation :** Reprendre collectivement cette opération au tableau.
7 Repasse en rouge les droites perpendiculaires et en bleu les droites parallèles.	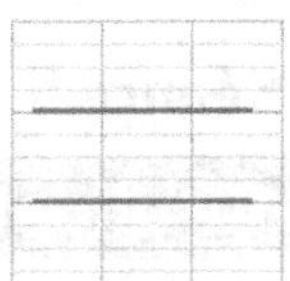 droites parallèles 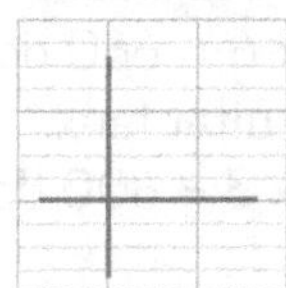 droites perpendiculaires **Remédiation :** Insister sur les propriétés des lignes du quadrillage.
8 Trace une droite perpendiculaire à la droite rouge.	 **Remédiation :** Revoir la manipulation de l'équerre.

Consolidation

1 Range les nombres 314, 137 et 209 dans l'ordre décroissant (du plus grand au plus petit).	**314** = [100 + 100 + 100] + 10 + 4 **137** = [100] + 10 + 10 + 10 + 7 **209** = [100 + 100] + 9 [**314**] > [209] > [**137**] **Le plus grand** **Le plus petit**
2 Calcule.	c d u (1) (1) 2 7 8 + 1 5 3 = **4 3 1** c d u 3 7 $_{1}$4 – 2 4_{+1} 5 = **1 2 9**
3 Trace en rouge une perpendiculaire à la droite verte et en **bleu** une parallèle à cette droite verte.	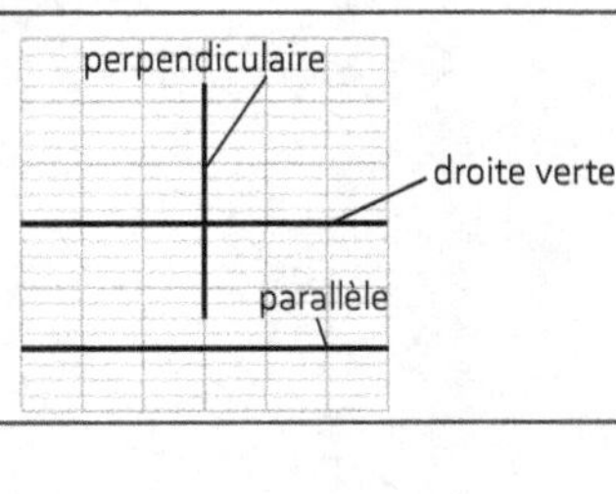

5 Mesure de longueurs : du m au mm

Fichier pp. 20-21

Programme	**Mesures.** Mesure des longueurs (mètre et ses sous-multiples) : m, dm, cm, mm.
Objectifs de l'apprentissage	Utiliser les unités de longueur (m, dm, cm, mm). Convertir les mesures de longueurs et les comparer. Reconnaître la relation entre ces unités.
Remarques préalables	Au CE1, les élèves ont appris à mesurer une longueur en m et cm. Dans cette première leçon sur les unités des mesures de longueur, les élèves font la connaissance de deux nouvelles unités : le dm et le mm. Les élèves doivent comprendre que selon l'importance et la précision des longueurs à mesurer il peut être nécessaire d'utiliser des unités de plus en plus petites. Ils découvrent aussi que les unités de mesure de longueur sont organisées suivant un système décimal comme les unités de numération, ce qui facilite les conversions. Ainsi pour comparer deux mesures de longueurs, il faut les avoir exprimées dans la même unité : des changements d'unités s'avèrent donc parfois nécessaires. La numération, en unité 1 du programme, s'arrêtant à 999, nous n'avons pas introduit la relation entre m et mm. Cette relation (1 m = 1 000 mm) sera introduite en leçon 24 (unité 5). **Difficulté de la leçon** Utiliser les relations de base (ex. : 100 cm = 1 m) dans les conversions remontantes, c'est-à-dire d'une petite unité vers une plus grande. **Aide** Demander d'apprendre par cœur les relations entre les différentes unités.

Calcul mental : Comparaison de nombres inférieurs à 1 000

Séances 1 à 3 (sur ardoise)
Séance 1 : *Écrire : 156 et 169 (nombres < 200) ; l'élève recopie le plus grand : 169.*
Séance 2 : *Dire « 464 et 598 » (nombres < 600) ; l'élève écrit le plus grand : 598.*
Séance 3 : *Dire « 892 et 676 » (nombres < 1 000) ; l'élève écrit le plus grand : 892.*

Séance 4 (sur fichier)
➔ *Dire : « 501 et 714 » ; l'élève écrit le plus grand : 714.*
***Items :** « 501 et 714 » ; « 673 et 683 » ; « 861 et 906 » ; « 845 et 880 » ; « 948 et 961 ».*

Séance 5 : *Consolidation des séances précédentes.*

Séance 1

Activités collectives de construction du concept

Organisation : Groupes de 2 élèves.
Matériel : Règle graduée de 1 m de la classe.
Par groupe : Un double décimètre et une bande cartonnée rouge de 10 cm sur laquelle l'enseignant aura écrit 1 dm.

Activité 1 : Relation entre les unités
Présenter les unités

- Présenter les unités de mesure de longueur à partir des instruments :
  - le mètre et le décimètre en se servant du mètre de la classe sur lequel on aura repassé à la craie de couleur 1 dm. On vérifie que cette longueur correspond bien à la longueur de la bande rouge distribuée.
  - le centimètre et le mm en se servant du double décimètre de l'élève.

Relation entre m et dm

- Dessiner au tableau un trait de 1 m de longueur.
- Demander de mesurer cette longueur en m avec la règle de la classe puis en dm avec la bande rouge.
- Demander de compléter l'égalité 1 m = ... dm.

Relation entre dm et cm

- Chaque groupe mesure en cm la longueur de la bande rouge.
- Demander de compléter l'égalité 1 dm = ... cm.

Relation entre cm et mm

- Chaque groupe observe son double décimètre.
- Indiquer que les petites graduations correspondent aux mm.
- Compter le nombre de mm dans 1 cm et compléter l'égalité 1 cm = ... mm.
- Demander de compléter par le calcul ou par la mesure 1 dm = ... mm.

Activité 2 : Exercice 1 du fichier

L'élève voit la nécessité des conversions pour pouvoir comparer les tailles des trois poissons.
Toutes ces conversions doivent être conduites collectivement en détaillant les calculs.
- Se référer à l'aide de Mathix.

Guppy : 5 cm 4 mm = 50 mm + 4 mm = 54 mm
Combattant : 1 dm 1 cm = 100 mm + 10 mm = 110 mm
Ecsenius : 1 dm 9 mm = 100 mm 9 mm = 109 mm
110 mm > 109 mm > 54 mm

Séance 2

Activités individuelles de mathématisation

Exercices 2, 3, 4 et 5

2 Cet exercice porte sur le choix de l'unité pour exprimer la mesure d'une longueur.
Crayon : 1 dm ; clé USB : 4 cm ; camion : 8 m ; coccinelle : 5 mm.

3 Cet exercice porte sur l'ordre de grandeur en choisissant la mesure qui convient.
Tour Eiffel : 300 m ; timbre : 30 mm ; trousse : 20 cm ; vélo : 8 dm.

4 L'élève doit tracer un trait de 1 dm avec sa règle graduée.
Il doit d'abord convertir : 1 dm = 10 cm. Le trait a une longueur de 10 cm.
La technique du tracé d'un segment de longueur donnée a été vue au CE1. L'origine du segment doit coïncider avec le zéro de la règle (et non son bord).

5 C'est un exercice de conversion. La première ligne correspond à des conversions descendantes et la seconde à des conversions ascendantes.

Séance 3

Exercices 6 et 7

6 Cet exercice de conversion se conduit comme l'exercice 1.
1 m 50 cm = 100 cm + 50 cm = 150 cm
1 m 5 cm = 100 cm + 5 cm = 105 cm
4 dm 5 cm = 40 cm + 5 cm = 45 cm
5 cm 6 mm = 50 mm + 6 mm = 56 mm
1 m 8 dm = 100 cm + 80 cm = 180 cm
2 dm 9 cm = 200 mm + 90 mm = 290 mm

7 Ce problème implique des conversions puisqu'il faut ordonner 3 longueurs exprimées avec des unités différentes. Il est important de montrer la nécessité d'exprimer toutes les mesures dans la même unité (la plus petite). Indiquer que cela est général et se retrouvera pour les autres grandeurs : masse et capacité.
Lola mesure 125 cm, Inès 108 cm et Nora 110 cm.
125 cm > 110 cm > 108 cm
La plus grande est Lola et la plus petite Inès.

Séance 4

Évaluation formative

Exercices 8 et 9

8 Cet exercice est semblable à l'exercice 7, les tailles des poissons doivent être converties en mm.
23 cm = 230 mm ; 3 dm = 300 mm
2 dm 9 mm = 209 mm
300 mm > 230 mm > 209 mm

9 Cet exercice de comparaison n'est pas guidé.
2 m = 200 cm > 195 cm
La planche de surf entre dans la housse.

Séance 5

Consolidation

Remédiation : Exercice 10
Remédiation de l'exercice 4 sur le mesurage de la longueur d'un segment : 4 cm 7 mm.

Approfondissement : Exercice 11
Il faut comparer 19 dm à 2 m.
2 m = 20 dm > 19 dm
Le véhicule d'Ali peut entrer dans le parking.

6 Les nombres de 0 à 9 999

Fichier pp. 22-23

Programme	**Les nombres de 0 à 9 999.** Lecture et écriture, comparaison et rangement des nombres.
Objectifs de l'apprentissage	Lire, écrire, décomposer, comparer, ranger et intercaler les nombres de 0 à 9 999.
Remarques préalables	La lecture des nombres écrits en chiffres est facilitée par leur décomposition additive canonique qui fait apparaître les nombres dont on énonce les noms dans la lecture du nombre. La règle de comparaison des nombres à quatre chiffres est l'extension de la règle de comparaison des nombres à trois chiffres, cette extension repose sur les règles de la numération décimale et notamment sur la règle d'échange à dix (de l'unité inférieure) contre un (de l'unité supérieure). Les raisons de cette extension doivent être comprises des élèves. Les techniques de rangement et d'intercalation sont la conséquence des règles de comparaison, elles sont donc aussi le prolongement des techniques connues sur les nombres à trois chiffres. **Difficultés de la leçon** – Comprendre les raisons qui permettent de prolonger les règles de comparaison. – Appliquer les techniques de rangement et d'intercalation à des nombres de quatre chiffres. **Aide** – Utiliser du matériel de numération pour comprendre la justification des règles de comparaison. – Utiliser la droite graduée pour prolonger les techniques de rangement.

Calcul mental : Complément à la dizaine supérieure

Séances 1 à 3 (sur ardoise)

Séance 1 : *Dire : « de 6 pour aller à 10 » (compléments à dix) ; l'élève écrit 4.*

Séance 2 : *Dire : « de 28 pour aller à 30 » (complément à la dizaine supérieure avec un chiffre des unités supérieur à 5) ; l'élève écrit 2.*

Séance 3 : *Dire : « de 23 pour aller à 30 » (complément à la dizaine supérieure avec un chiffre des unités inférieur à 5) ; l'élève écrit 7.*

Séance 4 (sur fichier)

➜ *Dire : « de 26 pour aller à 30 » ; l'élève écrit 4.*
Items : *« de 26 pour aller à 30 » ; « de 48 pour aller à 50 » ; « de 37 pour aller à 40 » ; « de 25 pour aller à 30 » ; « de 63 pour aller à 70 ».*

Séance 5 : *Consolidation des séances précédentes.*

Séance 1

Activités collectives de construction du concept

Activité 1 : Décomposer des nombres avec des cartes-nombres

Organisation : Groupes de 2 élèves.
Matériel : Cartes-nombres (*cf.* matériel photocopiable p. 77).

- Disposer de plusieurs cartes 1 000 ainsi que de plusieurs cartes : 10 ; 20 ; 30 ; 40 ; 50 ; 60 ; 70 ; 80 ; 90.
- Distribuer à chaque groupe les cartes nécessaires.
- Écrire au tableau les nombres 1 250 et 980.
- Demander aux élèves de traduire chacun de ces nombres à l'aide des cartes qu'ils ont reçues.

Manipuler

- Laisser les élèves manipuler leurs cartes.
- Faire le bilan des différentes décompositions :

1 250 se décompose avec les cartes : 1 000 ; 100 ; 100 ; 50.
980 se décompose avec 9 cartes 100 et la carte 80.

Débattre symboliser

- Demander d'écrire sur l'ardoise une égalité qui traduit la décomposition effectuée avec les cartes :

1 250 = 1 000 + 100 + 100 + 50
980 = 100 + 100 + 100 + 100 + 100 + 100 + 100 + 100 + 100 + 80

Activité 2 : Comparer les nombres avec des cartes-nombres

- Demander aux élèves quel est le plus grand des deux nombres précédents.

Il est probable que plusieurs élèves répondront 1 250, ce qui est exact.

- Demander pourquoi ?
  - Une première explication peut être fournie en faisant intervenir le nombre 1 000 :
    1 250 > 1 000 et 1 000 > 980
    Donc 1 250 > 1 000
  - Une explication plus approfondie consiste à échanger la carte 1 000 contre 10 cartes 100.
    On compte alors 12 cartes 100 pour le nombre 1 250 tandis que le nombre 980 n'en compte que 9. Les nombres 50 et 80 étant inférieurs à 100, ils n'interviennent pas dans cette comparaison.
  - La règle de comparaison qui fait prévaloir le nombre de chiffres de chaque nombre peut être justifiée.

Activité 3 : Exercices 1, 2 et 3 du fichier

1 Après avoir lu les deux premières lignes du tableau, faire compléter l'écriture en lettres du nombre 3 120, puis l'écriture dans le tableau des nombres 8 140 et 6 050 pour lesquels certaines colonnes comportent des zéros.

2 Les élèves doivent connaître la signification des signes « > » et « < », pour réaliser cet exercice. La comparaison : 243 < 1 000 peut être justifiée par l'activité 2, la comparaison : 5 243 > 3 120 s'appuie sur la bulle de Mathix qui évoque la décomposition des deux nombres.

3 Le rangement des cinq nombres du tableau par ordre croissant nécessite d'utiliser la technique de rangement déjà utilisée pour les nombres de 3 chiffres : chercher le plus petit l'écrire à gauche, le barrer de la liste, puis recommencer jusqu'à épuisement de la liste.

Séance 2

Activités individuelles de mathématisation

Exercices 4, 5 et 6

4 Les élèves doivent écrire en lettres les nombres 4 128 et 6 200 et écrire en chiffres les nombres 5 042 et 2 360 ; pour les trois derniers ils doivent aussi écrire leur décomposition en unités de numération (avec les lettres m, c, d et u) qui rappellent les intitulés des colonnes du tableau de numération.

5 Les élèves rangent par ordre croissant :
458 < 4 000 < 6 045 < 8 523 ; ce qui permet de rappeler la règle de comparaison et la technique de rangement.

6 Pour placer correctement chacun des nombres sur la droite graduée de 500 en 500 les élèves doivent les intercaler entre les nombres de la graduation :
1 000 < 1 350 < 1 500...
Chaque nombre se place dans un intervalle différent.

Séance 3

Exercices 7, 8 et 9

7 Chaque nombre doit être encadré entre les deux milliers les plus proches. Une droite graduée de 1 000 en 1 000 entre 1 000 et 9 000 peut faciliter la correction de cet exercice.

8 Les élèves doivent compléter 5 cases d'une suite arithmétique de raison 100. Les cases déjà complétées permettent de vérifier l'exactitude des réponses précédentes.

9 Cet exercice insiste sur la différence entre « chiffre des » et « nombre de ». Le chiffre des centaines est celui qui se trouve dans la colonne des centaines du tableau de numération : 0 pour 1 000 ; 6 pour 4 658 ; 0 pour 6 045.
Le nombre de centaines est le nombre de cartes 100 nécessaires pour décomposer le nombre : 10 pour 1 000 ; 46 pour 4 658 ; 60 pour 6 045.

Séance 4

Évaluation formative

Exercices 10, 11 et 12

10 Cet exercice reprend la démarche de l'exercice 4 pour les nombres 3 248 et 5 208.

11 Dans cet exercice, les élèves doivent effectuer quatre comparaisons distinctes, cela permet de rappeler la règle de comparaison et la signification des signes < et >.

12 Le rangement par ordre croissant des nombres : 894 < 5 128 < 5 426 < 6 805 < 8 200 permet de vérifier la technique de rangement.

Séance 5

Consolidation

Remédiation : Exercice 13
Dans cet exercice, il faut écrire deux nombres en lettres et deux nombres en chiffres, ce qui rappelle les premiers objectifs de cette leçon.

Approfondissement : Exercice 14
Les élèves doivent intercaler cinq nombres sur une droite graduée de 500 en 500 de 3 000 à 5 500.

7 Les angles

Fichier pp. 24-25

Programme	**Géométrie.** Les angles.
Objectifs de l'apprentissage	Distinguer différents types d'angles et dessiner des angles à l'aide d'instruments géométriques appropriés. Reconnaître les angles.
Remarques préalables	La notion d'angle géométrique est délicate à concevoir, les élèves la confondent souvent avec l'aire du triangle dont les côtés de l'angle seraient deux des côtés, ou bien ils considèrent qu'en allongeant les côtés de l'angle ils agrandissent l'angle, ce qui est faux. Il importe donc de leur faire découvrir comment comparer deux angles à l'aide d'un papier calque en insistant sur la possibilité de prolonger la longueur des côtés d'un angle sans en modifier la mesure. L'angle droit est celui qui joue le plus grand rôle en géométrie, les élèves doivent donc savoir le reconnaître, puis le mesurer. Sa relation avec l'angle plat est une de ses caractéristiques. La mesure des angles à l'aide d'un rapporteur exige une double superposition : celle du centre du rapporteur avec le sommet de l'angle, celle d'un côté de l'angle avec la base du rapporteur ; elle demande donc un temps d'apprentissage conséquent. **Difficultés de la leçon** – Acquérir une conception correcte de la notion d'angle géométrique. – Comprendre que les longueurs des côtés d'un angle n'ont aucun effet sur la valeur de l'angle. **Aide** Proposer de comparer, à l'aide d'un papier calque, des angles égaux dont les côtés sont de longueur différente.

Calcul mental : Double d'un nombre inférieur ou égal à 10

Séances 1 à 3 (sur ardoise)
Séance 1 : *Doubles de nombres inférieurs ou égaux à 6.*
Dire : « Double de 3 » ; l'élève écrit 6.
Séance 2 : *Doubles de nombres compris entre 5 et 10.*
Dire : « Double de 5 » ; l'élève écrit 10.
Séance 3 : *Doubles de nombres inférieurs ou égaux à 10.*
Dire : « Double de 6 » l'élève écrit 12.

Séance 4 (sur fichier)
→ *Dire : « Double de 7 » ; l'élève écrit 14.*
***Items :** « Double de 7 » ; « Double de 8 » ; « Double de 5 » ; « Double de 4 » ; « Double de 9 ».*

Séance 5 : *Consolidation des séances précédentes.*

Séance 1

Activités collectives de construction du concept

Activité 1 : Comparer les ouvertures des branches de deux compas

Organisation : Groupes de 2 élèves.
Matériel : Un compas par élève (les compas peuvent être de modèles différents).

- Demander à chaque élève d'ouvrir au hasard les deux branches de son compas, puis de comparer l'ouverture de son compas avec celle de son voisin.
- Laisser les élèves se livrer à leurs comparaisons.
- Faire préciser aux élèves comment ils procèdent pour déterminer le compas ayant la plus grande ouverture, insister sur la superposition du centre de rotation des branches du compas et sur la superposition de la position de l'une des branches.
- Renouveler cet exercice plusieurs fois.

Activité 2 : Utiliser un papier calque pour trouver des angles égaux

Organisation : Groupes de 2 élèves.
Matériel : Une petite feuille de papier calque, une feuille photocopiée pour chaque groupe de deux élèves (cf. matériel photocopiable p. 77 du guide).

- Demander aux élèves de décalquer l'angle numéro 1 sur une feuille de papier calque, puis de chercher parmi les angles de la feuille photocopiée tous ceux qui sont égaux à l'angle numéro 1.
- Laisser les élèves effectuer leurs manipulations.
- Demander à chaque groupe d'indiquer les numéros des angles égaux à l'angle numéro 1. Il s'agit des angles 2, 3, 6 et 7.
- Comparer les résultats, identifier les causes des différences (longueur des côtés pour 6 et 7).

Activité 3 : Exercices 1, 2 et 3 du fichier

1 Reconnaître un angle droit
Matériel : Une équerre par élève.

Les élèves vérifient avec leur équerre que l'angle A est un angle droit.

2 Mesurer un angle
Matériel : Un rapporteur par élève.

- Apprendre aux élèves à positionner leur rapporteur pour mesurer l'angle droit A en degrés.
- Lire les deux bulles de Mathix, la deuxième permet de définir ce qu'est un angle aigu et un angle obtus, ce qui permet de dire que l'angle B est un angle aigu et l'angle C un angle obtus en les comparant à l'angle droit de l'équerre, avant de les mesurer avec le rapporteur.
L'utilisation correcte d'un rapporteur nécessite un temps d'apprentissage conséquent.

Les élèves relient chacune des propositions de gauche à l'une des propositions de droite.

3 Achever le tracé d'un angle obtus
Matériel : Une règle par élève.

Les élèves tracent le deuxième côté d'un angle obtus. Ils peuvent être surpris par le manque de place apparent, mais cela n'est pas un problème pour tracer un angle obtus, qui peut être très ouvert et proche d'un angle plat.

Séance 2

Activités individuelles de mathématisation

Exercices 4 et 5

4 Dans cet exercice, les élèves découvrent une configuration très répandue en géométrie, celle de deux droites sécantes qui fait apparaître deux angles aigus égaux et deux angles obtus égaux, les quatre angles devenant égaux quand les droites sont perpendiculaires.
Les égalités des angles opposés par le sommet peuvent être observées à l'aide d'un papier calque. Le coloriage attendu se limite à la partie intérieure de l'ellipse.

5 La lettre Z fait apparaître une autre configuration géométrique partielle : celle de deux droites parallèles coupées par une sécante, les angles visibles sont aigus et égaux. Il est important de montrer aux élèves que la notion d'angle aigu ou obtus est indissociable des figures faisant apparaître des droites sécantes.

Séance 3

Exercices 6, 7 et 8

6 Cet exercice permet de clarifier la distinction entre les trois catégories d'angles. Les élèves choisissent le sommet de l'angle et tracent leur deuxième côté en respectant la couleur fixée par la consigne. L'angle droit se trace à l'aide de l'équerre, l'angle aigu en estimant visuellement un angle plus « fermé » que l'angle droit, l'angle obtus en estimant visuellement un angle plus « ouvert » que l'angle droit. L'équerre permet de confirmer ces estimations.

7 Dans cet exercice, les élèves doivent se livrer à une estimation de la mesure en degrés des angles proposés. Ils savent que l'angle droit mesure 90°. Comme un angle aigu est inférieur à un angle droit, sa mesure est inférieure à 90°. Dans les valeurs proposées pour l'angle aigu, une seule est inférieure à 90°, l'angle aigu mesure donc environ 45°.
Même démarche pour l'angle obtus qui est supérieur à un angle droit, la seule mesure supérieure à 90° est 120°, donc l'angle obtus mesure environ 120°.
Une vérification de ces mesures peut être faite à l'aide d'un rapporteur.

8 La figure montre qu'un angle plat est la juxtaposition (la somme) de deux angles droits. On peut en déduire qu'un angle plat mesure 90° + 90° = 180°. L'utilisation d'un rapporteur confirme ce résultat.

Séance 4

Évaluation formative

Exercices 9 et 10

9 Il peut être nécessaire pour certains élèves de décalquer chacun des angles pour mieux les identifier. Toutefois, le fait que les trois angles aient le même sommet et un côté commun facilite la tâche de comparaison avec l'angle droit et donc la distinction entre angle aigu et angle obtus. Dans cet esprit, on peut conseiller de commencer par la reconnaissance de l'angle droit (côté violet).

10 Cet exercice évalue l'acquisition par les élèves des notions d'angle aigu, puis d'angle obtus. Toutefois, l'angle obtus est défini comme un angle « mesurant plus de 90° », ce qui doit être interprété comme « supérieur à un angle droit ».

Séance 5

Consolidation

Remédiation : Exercice 11
Cet exercice a pour but de familiariser les élèves avec les trois angles de l'équerre, en repérant d'abord son angle droit, puis en identifiant les deux autres angles comme des angles aigus.

Approfondissement : Exercice 12
Les élèves doivent observer le triangle et lire attentivement les quatre propositions qui leur sont faites. C'est la dernière proposition qui est vraie : ce triangle comporte un angle obtus et deux angles aigus.

8 L'addition posée avec retenue

Fichier pp. 26-27

Programme	**Les opérations de calcul : addition, soustraction, multiplication et division.** Addition dans le domaine des nombres de 0 à 9 999 : technique usuelle.
Objectifs de l'apprentissage	Utiliser la technique de l'addition avec retenue dans le domaine des nombres de 0 à 9 999.
Remarques préalables	L'utilité de l'addition posée apparaît vraiment lorsqu'on effectue des additions de deux ou trois nombres de trois ou quatre chiffres. Cette leçon porte donc sur l'étude des additions de ce type. Elle revient sur la technique de la pose étudiée au CE1 et revue en leçon 2 que l'élève appliquera sur le quadrillage Seyès du cahier **Difficultés de la leçon** – Savoir placer correctement les chiffres en colonnes : unités sous les unités, dizaines sous les dizaines… – Comprendre la notion de « retenue » : celle-ci peut être supérieure à 1. **Aide** – Utiliser les colonnes du quadrillage Seyès pour bien aligner les chiffres. – Poser les nombres en écrivant d'abord les chiffres des unités les uns sous les autres. – Utiliser le matériel de numération pour expliquer la retenue. – Pratiquer quotidiennement le calcul mental de sommes de deux nombres d'un chiffre ou d'un nombre de deux chiffres et d'un nombre d'un chiffre.

Calcul mental : Tables d'addition (somme inférieure à 20)

Séances 1 à 3 (sur ardoise)

Séance 1 : *Dire : « 5 + 3 » (termes inférieurs à 5) ; l'élève écrit 8.*
Séance 2 : *Dire : « 8 + 4 » (un terme inférieurs à 5) ; l'élève écrit 12.*
Séance 3 : *Dire : « 7 + 6 » (termes inférieurs à 10) ; l'élève écrit 13.*

Séance 4 (sur fichier)
→*Dire : « 9 + 5 » ; l'élève écrit 14.*
***Items :** « 9 + 5 » ; « 6 + 5 » ; « 7 + 7 » ; « 8 + 6 » ; « 4 + 7 ».*

Séance 5 : *Consolidation des séances précédentes.*

Séance 1

Activités collectives de construction du concept

Activité 1 : Additionner de grands nombres
Organisation : Classe entière.

- Faire lire l'énoncé du problème au tableau : « *Sur son ordinateur, Marouan a marqué 1 586 points à la première partie, 2 894 à la deuxième et 598 à la troisième. Combien de points a-t-il marqués en tout ?* »
- Les élèves débattent et écrivent après consensus l'opération qui donne le résultat : 1 586 + 2 894 + 598. Ils la posent sur leur cahier d'exercices. Un élève vient poser l'opération au tableau. La pose est vérifiée, validée ou corrigée.
- Faire référence à la pose déjà étudiée à la leçon 2, la technique est la même mais étendue aux milliers. Les élèves rectifient la leur si nécessaire.
- Les élèves calculent l'addition sur leur cahier d'exercices. Un élève vient effectuer l'opération au tableau. Son calcul est validé ou corrigé.
- Faire remarquer les différentes valeurs des retenues.
- Rappeler que la retenue 1 reportée dans la colonne des dizaines est une dizaine, que la retenue 2 reportée dans la colonne des centaines c'est deux centaines car 27 dizaines c'est 2 centaines et 7 dizaines. De même la retenue 2 portée dans la colonne des milliers, c'est deux milliers car 20 centaines, c'est 2 milliers.

Pour les élèves qui n'admettraient pas les valeurs des retenues autres que 1, utiliser le matériel de numération comme en leçon 2.

Activité 2 : Exercice 1 du fichier

- Demander à un élève de venir poser et calculer l'opération au tableau.
- Faire remarquer que la retenue n'est pas toujours égale à 1. Mettre en garde les élèves qui commencent par placer 1 comme retenue avant de calculer.
- Faire lire le total : 8 255.

Séance 2

Activités individuelles de mathématisation

Exercices 2, 3 et 4

2 Les emplacements des retenues ne sont pas notés, les élèves doivent donc assurer seuls la gestion des retenues.

Rappeler :
– que les retenues n'existent que si, dans une colonne, la somme des nombres est supérieure à 9 ;
– que les retenues peuvent être supérieures à 1.

4 952 + 1 878 = 6 830
2 586 + 5 933 = 8 519
3 928 + 760 + 15 = 4 703
4 359 + 1 017 + 24 = 5 400

3 Les élèves doivent poser quatre additions. L'exercice a donc un double objectif : la pose et la gestion des retenues. Être attentif à la pose de la quatrième opération.
3 849 + 4 158 = 8 007
2 169 + 1 879 = 4 048
4 093 + 2 620 + 165 = 6 878
905 + 5 623 + 72 = 6 600

4 Cet exercice montre l'importance de la pose convenable des chiffres sans laquelle on ne peut avoir un calcul exact.
Ce sont les nombres 164 et 32, mal positionnés, qu'il faut entourer.
4 573 + 164 + 32 = 4 769

Séance 3

Exercices 5, 6 et 7

5 Dans la première addition, il n'y a pas de difficulté pour compléter le nombre du haut au rang des unités : 6 + 1 = 7. Le nombre se termine par 6. Au rang des dizaines surgit une difficulté : ... + 7 = 2 n'est vrai qu'avec l'égalité 5 + 7 = 12 qui permet d'écrire 2 et de retenir ① qu'il ne faut pas oublier d'écrire au rang des centaines. Le chiffre des dizaines du nombre du haut est 5. Pour trouver le chiffre des centaines du nombre du bas, il faut procéder comme avec le chiffre des dizaines : 5 + ... = 4 mais il ne faut pas oublier la retenue. L'égalité exacte est donc : ① (la retenue de 12) + 5 + 8 = 14. Le chiffre des centaines du nombre du bas est donc 8. Dans la colonne des milliers, on écrit l'égalité : ① (retenue de 14) + 2 + 3 = 6. Le chiffre des milliers du nombre du bas est 3.
Le nombre du haut est 2 556, celui du bas est 3 871.
Vérification du calcul : 2 556 + 3 871 = 6 427.
Procéder de même avec les autres additions. Il faut connaître les sommes des nombres inférieurs à 10 et ne pas oublier de tenir compte des retenues quand il y en a.

6 Les élèves doivent poser une addition de 3 termes. Le calcul comporte deux retenues de valeur 1 au rang des dizaines et des centaines et d'une retenue de valeur 2 au rang des milliers.
2 458 + 3 795 + 1 900 = 8 153
En tout, il a marqué 8 153 points.

7 L'addition des quatre nombres de la facture donne 2 691 comme résultat. Elle comporte une retenue de valeur 3 au rang de la colonne des dizaines, une de valeur 2 au rang des centaines et une de valeur 1 au rang des milliers.

Séance 4

Évaluation formative

Exercices 8 et 9

8 Cet exercice vérifie la pose et le calcul d'additions. La première addition est une somme de deux nombres de quatre chiffres qui comporte deux retenues de valeur 1 au rang des centaines et des milliers.
2 583 + 4 576 = 7 159
La deuxième est une somme de trois nombres qui comporte trois retenues deux de valeur 1 dans les colonnes de dizaines et des centaines et une de valeur 2 dans celle des milliers.
3 986 + 634 + 1 620 = 6 240

9 L'addition comporte deux retenues de valeur 1 dans le rang des dizaines et celui des centaines.
1 089 + 632 = 1 721
Hassan a dépensé 1 721 Dh.

Séance 5

Consolidation

Remédiation : Exercice 10

Dans la première addition, la retenue est oubliée dans la colonne des centaines : ~~8 828~~ 8 928
Dans la deuxième, la retenue est oubliée dans la colonne des milliers : ~~7 457~~ 8 457
Dans la troisième, la retenue est oubliée dans les trois colonnes : ~~6 500~~ 7 610

Approfondissement : Exercice 11

2 878 est proche de 3 000 ; 1 289 est proche de 1 000.
L'estimation de la somme 2 878 + 1 289 est donc plus proche de 4 000 que de 2 000 ou de 6 000.
2 878 + 1 289 = 4 167

B2 Bilan de l'unité 2

Fichier pp. 28-29

Évaluation sommative

<table>
<tr><th>Énoncés</th><th>Réponses et commentaires</th></tr>
<tr><td>1 Complète le tableau.</td><td>
<table>
<tr><td>3 527</td><td>trois mille cinq cent vingt-sept</td><td>3 m 5 c 2 d 7 u</td></tr>
<tr><td>6 053</td><td>six mille cinquante-trois</td><td>6 m 5 d 3 u</td></tr>
<tr><td>8 300</td><td>huit mille trois cents</td><td>8 m 3 c</td></tr>
</table>
Remédiation : Exprimer les nombres avec des cartes 1 000, 100, 10 et 1.</td></tr>
<tr><td>2 Colorie la case du plus grand nombre de chaque étiquette.</td><td>4 320 | 6 125   5 789 | 5 320   4 632 | 4 674
Remédiation : Rappeler la règle : comparer le nombre de milliers, puis en cas d'égalité, les nombres de trois chiffres qui complètent le nombre de milliers.</td></tr>
<tr><td>3 Range ces nombres dans l'ordre croissant : 4 320 ; 6 125 ; 920 ; 4 632 ; 4 674.</td><td>920 < 4 320 < 4 632 < 4 674 < 6 125
Remédiation : Rappeler la technique : chercher le plus petit, l'écrire, le barrer de la liste et recommencer avec les nombres restants.</td></tr>
<tr><td>4 Calcule.</td><td>   1 1
  3 2 9 3
+ 2 8 5 1
= 6 1 4 4
Remédiation : Analyser les causes des erreurs pour y remédier. Distinguer les erreurs de calcul des erreurs de gestion de retenues.</td></tr>
<tr><td>5 Pose et calcule :
6 584 + 708.</td><td>   1   1
  6 5 8 4
+   7 0 8
= 7 2 9 2
Remédiation : Vérifier le respect des colonnes de chiffres en redessinant un tableau de numération m/c/d/u.</td></tr>
<tr><td>6 Entoure en bleu l'angle droit, en vert l'angle aigu et en rouge l'angle obtus.</td><td>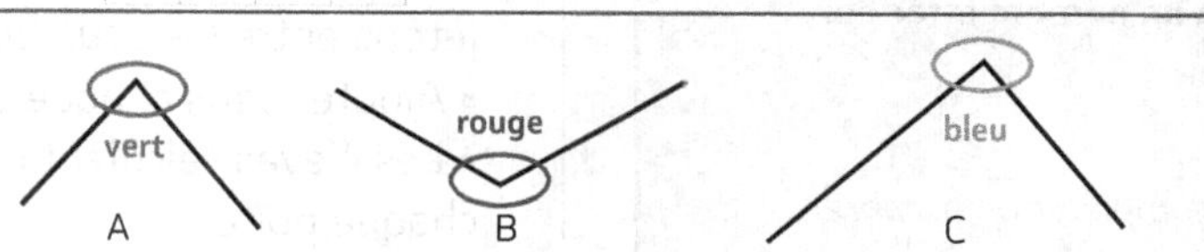

Remédiation : Utiliser une équerre pour comparer chaque angle à l'angle droit de l'équerre.</td></tr>
<tr><td>7 Convertis et compare.
Convertis ces tailles en cm.
Range les tailles des enfants dans l'ordre croissant.</td><td>Karim : 130 cm ; Aïcha : 120 cm ; Rachid : 109 cm
109 cm < 120 cm < 130 cm
Remédiation : Rappeler le besoin d'exprimer toutes les mesures dans la même unité afin que tous les nombres désignent des mesures comparables.</td></tr>
</table>

Consolidation

<table>
<tr><td>1 Range les nombres 1 214, 2 103 et 1 109 dans l'ordre décroissant (du plus grand au plus petit).</td><td>2 103 > 1 214 > 1 109
Le plus grand   Le plus petit</td></tr>
<tr><td>2 Calcule.</td><td> m c d u
  ①←①←
  3 8 6 4
+ 4 3 7 2
= 8 ¹2 ¹3 6</td></tr>
<tr><td>3 Observe la figure.
Un côté de l'angle obtus est noir. Quelle est la couleur de l'autre côté ?</td><td>La couleur de l'autre côté est rouge.
Sa mesure est plus grande que 90 degrés.
</td></tr>
</table>

9 La soustraction posée avec retenue

Fichier pp. 30-31

Programme	**Les opérations de calcul : addition, soustraction, multiplication et division.** Soustraction dans le domaine des nombres de 0 à 9 999 : technique usuelle.
Objectifs de l'apprentissage	Utiliser la technique de la soustraction avec retenue dans le domaine des nombres de 0 à 9 999.
Remarques préalables	Les élèves ont étudié en leçon 2 la soustraction posée dans le domaine des nombres de 0 à 999. Cet apprentissage va être élargi à la tranche des nombres allant de 0 à 9 999. L'algorithme que nous présentons dans cette leçon fait appel à la propriété fondamentale de la différence : « *La différence de deux nombres ne change pas si on ajoute ou si on retranche un même nombre à ses deux termes.* » Cette propriété qui explique le mécanisme de la retenue est difficile à comprendre pour des élèves du CE2. Pour cette raison, en Activités collectives de construction du concept nous proposons de reprendre les manipulations avec le matériel de numération en agissant sur des nombres simples, la manipulation avec des nombres de milliers n'est pas conduite car elle serait fastidieuse et perdrait les élèves plutôt que les aider. Pour ne pas oublier de comptabiliser la « retenue », qui représente l'emprunt fait aux dizaines, aux centaines ou aux milliers du nombre du haut, on la porte dans la colonne des dizaines, des centaines ou des milliers du nombre du bas. **Difficultés de la leçon** – Savoir placer correctement les chiffres en colonnes : unités sous les unités, dizaines sous les dizaines… – Comprendre la notion de « retenue » : celle-ci ne peut être supérieure à 1. – Ne pas oublier de reporter la retenue et de l'intégrer au calcul. – Connaître les tables d'addition. **Aide** – Utiliser les colonnes du quadrillage Seyès pour bien aligner les chiffres. – Poser les nombres en écrivant d'abord les chiffres des unités les uns sous les autres. – Utiliser le matériel de numération pour expliquer la retenue.

Calcul mental : Complément à un nombre inférieur ou égal à 10

Séances 1 à 3 (sur ardoise)
Séance 1 : *Écrire : 7 + ... = 10 (compléter un nombre supérieur à 5) ; l'élève écrit 3.*
Séance 2 : *Écrire : 4 + ... = 10 (compléter un nombre inférieur ou égal à 5) ; l'élève écrit 6.*
Séance 3 : *Écrire : ... + 6 = 10 (compléter un nombre inférieur à 10) ; l'élève écrit 4.*

Séance 4 (sur fichier)
→Écrire : 8 + ... = 10 (compléter un nombre inférieur à 10) ; l'élève écrit 2.
***Items :** 8 + ... = 10 ; 6 + ... = 10 ; 7 + ... = 10 ; 4 + ... = 10 ; 3 + ... = 10.*

Séance 5 : *Consolidation des séances précédentes.*

Séance 1

Activités collectives de construction du concept

Activité 1 : Découvrir la conservation de l'écart
Organisation : Classe entière.
Matériel : Pour la classe : 2 boîtes et une centaine de jetons. Par élève : une ardoise.

- Présenter deux boîtes aux élèves : placer 50 jetons dans la première boîte et 45 jetons dans la seconde.
- Demander aux élèves de calculer la différence de jetons entre les deux boîtes : 50 – 45 = 5.
- Ajouter dans chaque boîte 20 jetons.
- Les élèves calculent le nombre de jetons présent dans chaque boîte.

La première boîte contient maintenant 70 jetons et la seconde 65 jetons.
Ils calculent à nouveau la différence du contenu des deux boîtes : 70 – 65 = 5. Ils s'aperçoivent alors que la différence est la même.

- Retirer ensuite 10 jetons de chaque boîte.
- Les élèves calculent le nombre de jetons de chaque boîte : la première boîte contient 60 jetons et la seconde 55.

Les calculent la différence : 60 – 55 = 5. La différence n'a pas changé.

- Annoncer que cette propriété de conservation de l'écart va être utilisée lorsqu'ils vont apprendre la technique pour effectuer une soustraction avec retenue.

Activité 2 : Exercice 1 du fichier

- Observer la technique utilisée par Aïcha qui calcule 3 254 – 836.
- Questionner la classe pour rappeler la technique de la soustraction posée vue au CE1.
- Demander à un élève volontaire d'écrire l'opération au tableau et de l'exécuter pas à pas en expliquant ses calculs.

La classe les commente, les critique ou les valide. Après débat on définit la méthode :

	m	c	d	u
	3	₁2	5	₁4
–	+1	8	3 +1	6
=	2	4	1	8

– Je commence toujours par la colonne de droite, celle des unités : 4 – 6, c'est impossible. J'ajoute 1 dizaine (10 unités) à 4 unités. Le nombre 3 254 a donc augmenté d'une dizaine.
*J'ajoute alors 1 dizaine (c'est la retenue) aux 3 dizaines du nombre 8**3**6 dans la colonne des dizaines (cela en fait 4) pour garder la même différence entre les nombres 3 254 et 836.*
– Je calcule alors 14 – 6 = 8 puis le nombre de dizaines qui restent dans la colonne des dizaines : 5 d – 4 d = 1 d.
– Dans la colonne des centaines, je dois calculer 2 – 8, c'est impossible, il faut donc ajouter 10 à 2 : 12 – 8 = 4. On doit écrire 4 dans la colonne des centaines. Comme j'ai ajouté 10 centaines (1 millier) à 3 254, je dois ajouter 1 millier à 836, je dois écrire + 1 dans la colonne des milliers.
3 – 1 = 2, je dois écrire 1 dans la colonne des milliers.
– On retrouve le résultat final :
3 254 – 836 = 2 418.

- Les élèves recopient cette opération sur leur fichier.

Séance 2

Activités individuelles de mathématisation

Exercices 2, 3 et 4

2 Les élèves doivent calculer quatre soustractions. Les opérations sont déjà posées. Ils n'ont plus qu'à les effectuer. Être surtout attentif à la bonne prise en compte des retenues, elles doivent figurer en rouge.
La 3ᵉ opération comporte un zéro. Si certains élèves éprouvent des difficultés, on en fait calculer une de ce type au tableau en montrant que le zéro est un chiffre comme un autre et ne doit pas poser de problème.
5 356 – 271 = 5 085 ; 8 312 – 5 645 = 2 667 ;
2 094 – 1 675 = 419 ; 9 491 – 1 783 = 7 708.

3 Les élèves doivent poser les opérations. Il faut écrire les unités sous les unités, les dizaines sous les dizaines, etc. Souligner que la disposition d'un chiffre par carreau facilite les calculs.
6 849 – 3 958 = 2 891 ; 2 169 – 1 879 = 290 ;
4 093 – 2 620 = 1 473 ; 9 005 – 6 287 = 2 718.

4 Les élèves doivent reconnaître les soustractions erronées, trouver la source d'erreur et la corriger.
4 827 – 1 256 = 3 **57**1 ; 8 236 – 3 494 = **4 7**42.

Séance 3

Exercice 5

Pour compléter les étiquettes de ce triamino les élèves doivent poser les soustractions sur le quadrillage proposé. Il est important de s'assurer que les élèves écrivent le plus grand nombre « en haut » de l'opération.
3 096 – 1 492 = 1 604 ; 3 096 – 395 = 2 701.

Problèmes 6 et 7

S'assurer de la compréhension de l'énoncé, expliquer le vocabulaire, certains mots peuvent bloquer inutilement les élèves.

6 5 500 Dh – 750 Dh = 4 750 Dh
Le nouveau prix de l'ordinateur est de 4 750 Dh.

7 4 167 m – 3 200 m = 967 m
Les alpinistes devront encore gravir 967 m.

Exercice 8

Les élèves doivent compléter des soustractions à trous. Il sera important de rappeler les relations entre soustraction et addition. 4 321 – **1 234** = 3 087 ; 9 134 – **4 567** = 4 567 ; 3 050 – **108** = 2 942.

Séance 4

Évaluation formative

Exercices 9 et 10

9 Les élèves doivent calculer une soustraction posée
8 915 – 726 = 8 189.

10 S'assurer de la compréhension de l'énoncé, vérifier que les élèves écrivent le plus grand nombre « en haut » de l'opération.
1 830 km – 1 145 km = 685 km.
La différence de kilomètres entre ces deux réseaux d'autoroutes est de 685 km.

Séance 5

Consolidation

Remédiation : Exercice 11

Une soustraction, avec pour aide les retenues notées, est posée et doit être complétée :
7 245 – 937 = 6 308

Approfondissement : Exercice 12

Les élèves doivent compléter deux soustractions à trous. Rappeler les relations entre soustraction et addition.
68**5** – **45**1 = 234 ; 3 4**9**5 – **1** 51**8** = 1 **9**77

10 Ordonner et présenter des données : tableaux, graphiques

Fichier pp. 32-33

Programme	**Organisation et traitement de données.**
Objectifs de l'apprentissage	Ordonner et présenter des données dans un tableau ou sur un graphique à colonnes. Lire et interpréter un tableau ou un graphique à colonnes.
Remarques préalables	Avec cette leçon, les élèves découvrent que la présentation en tableau d'une information comportant deux paramètres en facilite l'exploitation. Il s'agit donc de faire « fonctionner » des tableaux et non de les construire ou de les concevoir. Les graphiques quant à eux permettent de percevoir rapidement les variations d'un paramètre ou d'une donnée. Déterminer la plus grande valeur ou les deux plus petites valeurs sur un intervalle donné sont des questions auxquelles il est facile de répondre quand on sait lire un graphique. **Difficultés de la leçon** – Pour les tableaux, difficulté à comprendre le fonctionnement de la double entrée. – Pour les graphiques, difficulté à comprendre à quoi correspondent les graduations et les grandeurs qui figurent sur les axes. **Aide** – Vérifier que les enfants savent utiliser un tableau à double entrée. Revoir avec eux son fonctionnement. – Revoir les notions de droites graduées et définir la valeur de l'intervalle entre chaque graduation.

Calcul mental : Tables de soustraction (nombres inférieurs ou égaux à 10)

Séances 1 à 3 (sur ardoise)
Séance 1 : *Dire : « 5 – 2 » (termes inférieurs ou égaux à 5) ; l'élève écrit 3.*
Séance 2 : *Dire : « 8 – 6 » (termes inférieurs ou égaux à 10) ; l'élève écrit 2.*
Séance 3 : *Dire : « 9 – 2 » (termes inférieurs ou égaux à 10) ; l'élève écrit 7.*

Séance 4 (sur fichier)
→Dire : « 9 – 5 » (différences < 10) ; l'élève écrit 4.
***Items :** « 9 – 5 » ; « 8 – 4 » ; « 7 – 3 » ; « 8 – 2 » ; « 6 – 4 ».*

Séance 5 : *Consolidation des séances précédentes.*

Séance 1

Activités collectives de construction du concept

Organisation : Classe entière.

Activité : Exercice 1 du fichier

Lire le graphique
Les réponses aux questions posées sont orales.
Que représentent les nombres écrits sur l'axe vertical ?
Ils représentent l'altitude exprimée en m.
Que représentent les nombres écrits sur l'axe horizontal ?
Ils représentent les noms des divers sommets africains.
Que représente la hauteur d'une colonne de couleur ?
Elle représente l'altitude d'un sommet.
Les nombres écrits sur l'axe vertical représentent l'altitude exprimée en m.
Les nombres écrits sur l'axe horizontal représentent les noms des divers sommets africains.
La hauteur d'une colonne de couleur représente l'altitude d'un sommet.

Compléter le graphique
Demander aux élèves de tracer les colonnes qui correspondent à l'altitude des monts Sapitwa (3 000 m) et Satima (4 000 m). Pour réaliser ce travail, ils doivent repérer la graduation de l'axe vertical qu'atteint le sommet de la colonne représentant l'altitude du sommet choisi. Il est possible qu'il faille clarifier cette démarche pour l'ensemble de la classe.

Interpréter le graphique
Quand le fonctionnement du graphique est acquis, les réponses aux 3 questions qui suivent, ne demandent qu'une simple lecture du graphique. Au fur et à mesure de la discussion les élèves complètent leur fichier.
Quel est le plus haut de ces 5 sommets ?
Le plus haut de ces 5 sommets est représenté par la colonne jaune qui est la plus haute : c'est le mont Kilimandjaro.
S'assurer que tous ont compris avant de passer aux questions suivantes.

Lequel est le plus bas ?
Le plus bas de ces 5 sommets est représenté par la colonne bleue qui est la moins haute : c'est le mont Sinaï.

Lequel mesure entre 4 000 et 5 000 m ?
Cette question demande plus de finesse, il faut trouver un encadrement : l'altitude d'un sommet entre 4 000 et 5 000 m, c'est le mont Toubkal représenté par la colonne verte.

Séance 2

Activités individuelles de mathématisation

Exercice 2

- Demander aux élèves de lire silencieusement l'énoncé ainsi que les informations contenues dans le graphique.
- S'assurer par un questionnement que les élèves se sont approprié la signification des données indiquées par les axes et les colonnes du graphique : « *Qu'indiquent les graduations de l'axe vertical ? De l'axe horizontal ?* », « *Qu'indiquent les colonnes de couleurs ?* », « *À quelle graduation doit s'arrêter la colonne qui représente la longueur du cours d'eau Moulouya ?* », etc.

Quel est le cours d'eau le plus long ?

C'est le Drâa, représenté par la colonne orange qui est le plus long.

Quels cours d'eau ont une longueur inférieure à 500 km ?

- Mettre en évidence qu'il faut d'abord repérer la ligne qui correspond à la graduation 500 km. Les fleuves dont la longueur est inférieure à 500 km sont ceux dont les colonnes n'atteignent pas cette ligne des 500 km (Sébou, Oued Guir, Tensift).

Quels cours d'eau ont une longueur comprise entre 500 et 750 km ?

- Il s'agit de trouver les longueurs entre 500 et 750 km. Demander d'abord de repérer ces deux graduations sur le graphique. Les cours d'eau : Oum Errabia et Moulouya, mesurent entre 500 et 700 km.

Séance 3

Exercice 3

Les élèves doivent compléter un tableau pour aider le marchand de glaces à retenir toutes les commandes. La complexité de l'exercice vient de ce qu'il faut renseigner un tableau de nombres en puisant les données dans les bulles des personnages et non dans un énoncé de problème conventionnel.

Dans un premier temps, vérifier si la lecture du tableau est comprise par tous puis laisser les élèves travailler individuellement. Lors de la correction collective, demander d'expliciter les démarches.

	Cornets		
	1 boule	2 boules	3 boules
Aziza	**3**	**1**	
Wassim		**1**	**1**
Nawel		**1**	
Lounès	**1**		**1**
Total	**4**	**3**	**2**

Séance 4

Évaluation formative

Exercice 4

- Demander aux élèves de lire silencieusement l'énoncé du problème ainsi que les informations contenues dans le graphique.
- S'assurer par un questionnement que les élèves se sont approprié la signification des données indiquées par les axes et les colonnes du graphique : « *Quelles sont les données que je vais utiliser, lesquelles ne vont pas m'aider ?* »

Puis laisser les élèves travailler individuellement.

Mardi, il y a eu 200 spectateurs.

Le jour où il y a eu le moins de spectateurs était le lundi.

Jeudi, il y a eu le même nombre de spectateurs que dimanche.

Séance 5

Consolidation

Remédiation : Exercice 5

Cet exercice est destiné à fixer chez les élèves le fonctionnement d'un tableau à double entrée.

	Sole	Daurade
Le vieux phare	10	14
Le pêcheur	**32**	**10**
À la table marine	20	0
Total	**62**	**24**

Approfondissement : Exercice 6

Pour trouver l'écart entre les visiteurs du dimanche et ceux du vendredi, les élèves doivent d'abord repérer sur le graphique le nombre de visiteurs le dimanche (800) puis le vendredi (480) et faire la soustraction : 800 – 480 = 320.

11 Le temps

Fichier pp. 34-35

Programme	**Mesures.** Le temps.
Objectifs de l'apprentissage	Lire la montre à aiguilles et la montre numérique avec minutes et secondes. Déterminer la relation entre les unités de mesure du temps. Calculer une durée.
Remarques préalables	En 1re et 2e années, les élèves ont appris à lire les heures et minutes, sur des horloges à aiguilles ou des horloges électroniques. L'apprentissage se poursuit en 3e année avec l'introduction de la lecture des secondes. Dans cette leçon, les élèves complètent leur connaissance des unités de durées en étudiant les relations entre jour, heure, minute et seconde, mais également semaine, mois, année, décennie et siècle. **Difficultés de la leçon** – Les relations entre les unités de temps sont troublantes pour les élèves car elles ne répondent pas à une règle unique comme dans la numération décimale : 1 min = 60 s ; 1 h = 60 min ; mais 1 j = 24 h ; 1 semaine = 7 j ; 1 mois = 28, 29, 30 ou 31 j ; ... Ces relations ne se déduisent pas et doivent être apprises. – Le temps est une notion très abstraite. De nos jours, de nombreux chercheurs mettent en doute son existence même. En réalité, nous nous repérons toujours à partir d'une origine et donc nous mesurons une durée. Par exemple, lorsque nous lisons l'heure, nous repérons un instant de la journée à partir d'un instant origine : 0 h (minuit d'hier). Lorsque nous lisons 9 h, il s'est écoulé 9 h depuis minuit. Une durée est la différence entre deux instants. **Aide** Comme toutes les activités visant la structuration du temps, la maîtrise de la lecture de l'heure ne s'acquiert pas en une seule séance et doit faire l'objet de sollicitations fréquentes, lors d'activités régulières formalisées (rituels) ou non-formalisées.

Calcul Mental : Répertoire soustractif

Séances 1 à 3 (sur ardoise)

Séance 1 : *Dire « 14 – 3 » (sans franchir la dizaine) ; l'élève écrit 11.*

Séance 2 : *Dire : « 12 – 6 » (franchir la dizaine) ; l'élève écrit 6.*

Séance 3 : *Dire : « 14 – 8 » (franchir la dizaine) ; l'élève écrit 6.*

Séance 4 (sur fichier)

➜Dire : « 17 – 4 » ; l'élève écrit 13.

***Items** : « 17 – 4 » ; « 18 – 5 » ; « 12 – 3 » ; « 15 – 6 » ; « 11 – 5 ».*

Séance 5 : *Consolidation des séances précédentes.*

Séance 1

Activités collectives de construction du concept

Activité 1 : Observation d'une horloge ou de la montre avec trotteuse

Organisation : Classe entière.

Matériel : Pour la classe : pendule de type pendule de cuisine.

Manipuler, débattre

- Une horloge est accrochée au tableau : demander de rappeler le rôle des aiguilles.
- Manipuler les aiguilles pour montrer le lien entre les unités de temps (réactiver les connaissances de 2e année) :
  - la grande aiguille indique les minutes ; elle met 60 min, pour accomplir un tour du cadran.
  Pendant ce temps la petite aiguille a avancé d'une grande graduation (de 1 h) ;
  - cette petite aiguille indique les heures ; elle met 12 h pour faire le tour du cadran.
  Les élèves constatent alors que la durée d'une journée est 2 × 12 h = 24 h, donc deux tours de cadran.
- Faire observer la trotteuse : elle indique les secondes ; elle met 1 s pour passer d'une petite graduation à l'autre.
- Demander aux élèves de compter combien la trotteuse fait de déplacements pour accomplir un tour du cadran : noter 60 secondes au tableau. Faire observer le déplacement de l'aiguille des minutes pendant que la trotteuse fait un tour de cadran. Les élèves constatent que la grande aiguille des minutes a avancé d'une petite graduation : noter 1 minute au tableau.

Schématiser, symboliser

- Écrire au tableau au terme de ces manipulations et débats les principales relations qui lient ces unités de mesure du temps : 1 minute (min) = 60 secondes (s) ; 1 heure (h) = 60 minutes (min) ; 1 jour (j) = 24 heures (h).

Activité 2 : Jour, semaine, mois, décennie, siècle

Les élèves sont déjà familiers avec les jours, les semaines, et les mois, qu'ils ont déjà rencontrés depuis la 1re année. Ces notions de temps doivent être abordées progressivement tout au long de la scolarité, et en relation avec des notions de construction du temps (utilisation quotidienne d'emplois du temps, de calendriers, d'agendas...). L'introduction des années, des décennies et des siècles est plus délicate car les élèves de 3e année manquent de repères pour imaginer de telles durées. La construction du « temps long » s'appuiera sur des éléments de la vie

courante des enfants pour les amener à concevoir ces durées, par exemple l'âge d'un vieux grand-père centenaire, la date de construction d'un monument, etc.
L'articulation avec d'autres disciplines comme l'Histoire ou les Sciences sera essentielle (frise historique chronologique, astronomie).
Une année est la durée d'une révolution de la Terre autour du Soleil. Elle est égale à 12 mois. Pour situer un événement qui s'est passé il y a longtemps, en Histoire notamment, on utilise des unités de temps encore plus grandes que celles que nous connaissons déjà : 1 décennie = 10 ans ; 1 siècle = 100 ans.

Activité 3 : Exercices 1 et 2 du fichier

1 Cet exercice est orienté vers la lecture de l'heure, en heures, minutes et secondes, et la relation qui lie ces trois unités. La dernière question permet de mobiliser la connaissance de la relation 60 s = 1 min, et de matérialiser le passage de la minute sur un afficheur digital.
Dans 10 secondes, le réveil affichera : 8 h 26 min 00 s.

2 Les réponses aux phrases de l'exercice sont liées à la culture et au vécu personnel de l'élève.
Faire lire la bulle de Mathix qui est une aide forte.
Correction : jours, mois, décennies, siècles.

Séance 2

Activités individuelles de mathématisation

Exercices 3, 4 et 5

3 Ce premier exercice ne devrait pas poser de problème. L'aiguille des minutes est toujours positionnée sur un multiple de 5 minutes pour faciliter la lecture. L'heure du matin ou du soir pourra être acceptée comme réponse exacte.

4 Pour effectuer cet exercice, l'élève peut se référer à la bulle de Mathix dans l'exercice 2. Ce sont les relations entre les unités de mesures qui sont mises en jeu.

5 La lecture de l'heure s'effectue ici sur une horloge numérique. Un simple report des nombres génère une réponse exacte.
La dernière question revient sur la relation 60 s = 1 min.

Séance 3

Exercices 6 et 7

6 Les calculs de durées sont abordés sous la forme de problèmes. L'élève doit comprendre que la durée du voyage correspond à la différence entre l'heure d'arrivée et l'heure de départ.
Dans cet exercice, de nombreuses compétences sont mobilisées : lecture d'une horloge à aiguilles, correspondance entre une heure analogique et une heure digitale, comparaison d'heures, et calcul de durée.
Fatima partira à 9 h 30 et son voyage durera 1 h 30 min.

7 Ce calcul de durée est plus complexe : il met en jeu des heures qui ne sont pas des heures entières ou des demi-heures. Mathix rappelle l'intérêt du schéma pour représenter une telle situation. On passe ici par le complément à l'heure supérieure.
L'élève doit rédiger une phrase-réponse.
La durée de ce trajet est de 1 h 20 min.

Séance 4

Évaluation formative

Exercices 8, 9 et 10

8 Cet exercice vérifie que l'élève est capable de lire l'heure sur une horloge à aiguilles.
Les réponses donnant l'heure du matin ou l'heure du soir pourront être acceptées.

9 Cet exercice évalue la capacité de l'élève à convertir des durées.
Les relations entre les unités doivent être connues pour réussir cet exercice.

10 C'est un problème de calcul de durée. La difficulté est intermédiaire entre celle de l'exercice 6 et celle de l'exercice 7.
Il n'y a que des minutes à ajouter après avoir calculé le complément à l'heure supérieure.

Séance 5

Consolidation

Remédiation : Exercice 11
La tâche est inversée : placer l'aiguille des minutes, celle des heures étant déjà fixée.
L'exercice est accompagné par la présence des couleurs dans l'écriture de l'heure, qui correspondent à celles du cadran.

Approfondissement : Exercice 12
Les calculs de durées sont plus complexes. Les notions « en retard » et « en avance » doivent être connues.
Inciter l'élève à élaborer et à utiliser un schéma pour faciliter la résolution.
Azzouz doit partir de chez lui à 7 h 00.

12 La multiplication posée (2)

Fichier pp. 36-37

Programme	**Les nombres de 0 à 9 999.** Multiplication par un nombre composé d'un ou deux chiffres dans le domaine des nombres de 0 à 9 999 : technique usuelle.
Objectifs de l'apprentissage	Utiliser la technique usuelle de la multiplication pour calculer le produit de deux nombres dans le domaine des nombres entiers de 0 à 9 999. Estimer un résultat approximatif du produit de deux nombres. Résoudre une situation-problème.
Remarques préalables	Cette leçon vient en prolongement de la leçon 4 et en reprend les fondements. La technique de la multiplication d'un nombre de trois chiffres par un nombre d'un seul chiffre est revue, avec l'introduction de la colonne des milliers dans le résultat. La technique de la multiplication d'un nombre de trois chiffres par un nombre de deux chiffres est abordée, mais elle ne varie pas fondamentalement par rapport à celle étudiée avec un nombre de deux chiffres comme multiplicande. Dans ce cas, les nombres dépassent 999 et la colonne des milliers fait également son apparition. **Difficultés de la leçon** – La technique d'estimation du résultat proposée consiste à arrondir les nombres à la centaine ou à la dizaine inférieure, et à multiplier ces nombres entre eux. L'estimation n'est pas précise, mais suffisante pour obtenir un ordre de grandeur du résultat. – La gestion des retenues intermédiaires. **Aide** Montrer en utilisant la décomposition additive canonique, que multiplier par un nombre de deux chiffres revient à faire deux multiplications successives, puis ajouter les résultats obtenus (distributivité de la multiplication). Exemple : 347 × 23 = 347 × 20 + 347 × 3

Calcul mental : Sommes de dizaines entières

Séances 1 à 3 (sur ardoise)

Séance 1 : *Écrire : 20 + 30 (sans franchir la centaine) ; l'élève écrit 50.*

Séance 2 : *Écrire : 80 + 60 (franchir la centaine) ; l'élève écrit 140.*

Séance 3 : *Écrire : 180 + 40 (franchir la deuxième centaine) ; l'élève écrit 220.*

Séance 4 (sur fichier) :

➔Écrire : 60 + 20 ; l'élève écrit 80.

***Items :** 60 + 20 ; 90 + 40 ; 50 + 70 ; 170 + 60 ; 120 + 90.*

Séance 5 : *Consolidation des séances précédentes.*

Séance 1

Activités collectives de construction du concept

Activité 1 : Multiplier par un nombre d'un chiffre

Organisation : Classe entière.

Matériel : Ardoise.

- Au tableau, écrire en colonne la multiplication : 638 × 3.

Les élèves reconnaissent une opération qu'ils ont déjà étudiée : un nombre de trois chiffres multiplié par un nombre d'un seul chiffre.

- Avant d'effectuer l'opération, demander aux élèves une estimation du résultat de cette multiplication. La technique de calcul mental la plus rapide est de multiplier les 6 centaines de 638 par 3 ➔ 1 800.
- Demander à un élève de venir au tableau, pour effectuer cette opération sous la conduite du maître et le contrôle du groupe classe : la technique est la même que dans la leçon 4.

Un problème se pose quand on arrive aux centaines : on ne peut pas écrire 19. On a besoin d'une colonne de plus, la colonne des milliers.

On écrit donc 9 dans la colonne des centaines et 1 dans la colonne des milliers.

- On lit le résultat de la multiplication : 1 914.

La verbalisation de « mille » est importante pour faire prendre conscience du saut de colonne.

- On compare ce résultat à l'estimation calculée précédemment pour vérifier l'ordre de grandeur du résultat.
- Proposer d'autres multiplications : 581 × 4 ; 864 × 7.

Les élèves les effectuent sur leur ardoise. Proposer des zéros intercalés : 706 × 5. La correction est conduite collectivement.

Activité 2 : Multiplier par un nombre de deux chiffres

Organisation : Classe entière.

Matériel : Ardoise.

- Au tableau, écrire en colonne la multiplication : 324 × 28.
- Demander aux élèves une estimation du résultat de cette multiplication : le résultat sera de l'ordre de grandeur de 300 × 300 = 900.
- Demander ce qui change par rapport à ce qu'on connaît déjà : il y a un chiffre de plus au multiplicande.
- Demander à un élève de venir au tableau, pour effectuer cette opération sous la conduite du maître et le contrôle du groupe classe :
  - On commence par les unités : 324 × 8 = 2 592 (en utilisant la technique de l'Activité 1).
  - On multiplie ensuite 324 par 20. Multiplier par 20, c'est multiplier par 10 puis par 2.

- On multiplie d'abord par 10 : c'est pour cette raison qu'on écrit un 0 ; on multiplie ensuite 324 par 2 → 324 × 20 = 6 480.
- On termine l'opération en additionnant les produits partiels : 2 592 + 6 480 = 9 072.

▪ Faire remarquer la différence entre le résultat obtenu et l'estimation de départ. Expliquer qu'estimer ne veut pas dire donner une valeur exacte mais un ordre de grandeur : ici le résultat est de l'ordre des milliers.

▪ Proposer d'autres multiplications à effectuer sur l'ardoise. Insérer des zéros intermédiaires. Ne pas dépasser 9 999 pour le résultat.

Activité 3 : Exercices 1 et 2 du fichier

1 Le travail de l'Activité 1 est repris dans cet exercice qui commence par une estimation du résultat. Mathix propose une technique d'estimation simple. Wassim rappelle que la technique de la multiplication par un nombre d'un seul chiffre n'est pas différente que celle qui a été apprise auparavant. La correction est collective. Un élève vient effectuer l'opération au tableau. 826 × 7 = 5 782

2 Écrire au tableau 347 × 23.
Rappeler les règles de distributivité de la multiplication.
Écrire à la suite l'opération à trous :
347 × 23 = 347 × ... + 347 × ...
Un élève vient compléter avec 20 et 3.
Les élèves remarquent que les calculs intermédiaires de Samira correspondent à l'opération en ligne. Ils effectuent le premier calcul intermédiaire sur leur fichier. Un élève vient effectuer le calcul au tableau. Procéder de la même manière pour le deuxième calcul intermédiaire, puis pour l'addition finale. 347 × 23 = 7 981
Conclure que cette technique est généralisable quel que soit le nombre de chiffres du multiplicande.

Séance 2

Activités individuelles de mathématisation

Exercices 3 et 4

3 Ici, la retenue s'applique aux dizaines. La position de la retenue à droite de l'opération n'a pas de signification précise. Elle n'est là que comme aide-mémoire. L'élève pourra peu à peu s'en affranchir.
Mathix rappelle qu'il est utile d'estimer le résultat avant d'effectuer l'opération. 351 × 9 = 3 159

4 Pour effectuer des multiplications posées, il est indispensable de maîtriser les tables de multiplication. Les erreurs de calcul concernent souvent une connaissance insuffisante des tables. La présence des pointillés est une aide forte qui permet à l'élève de se questionner sur des erreurs potentielles (oubli du zéro des dizaines, oubli de retenue, ...). Les ronds pour les retenues n'apparaissent pas.
482 × 15 = 7 230 ; 185 × 43 = 7 955

Séance 3

Exercices 5, 6 et 7

5 L'opération doit être posée avant d'être effectuée. Les lignes et les signes présents dans le quadrillage apportent encore une aide. Erreurs fréquentes : alignement des chiffres en colonnes, oubli du zéro des dizaines dans le deuxième calcul intermédiaire. 487 × 19 = 9 253

6 L'élève doit d'abord essayer d'effectuer l'opération mentalement pour détecter les erreurs. Stratégie efficace : poser et effectuer correctement l'opération sur le quadrillage de droite, puis la comparer à l'opération proposée pour en déduire les erreurs.
L'erreur porte sur les retenues ignorées dans les calculs intermédiaires. Elles n'apparaissent pas à droite de l'opération. L'élève doit poser une opération sans aucun accompagnement. 265 × 34 = 9 010

7 Cet exercice cumule toutes les difficultés associées à un problème multiplicatif. L'élève doit détecter le type de problème, déduire l'opération à effectuer, la poser sur un quadrillage vierge, et l'effectuer sans erreur.
128 × 25 = 3 200

Séance 4

Évaluation formative

Exercices 8 et 9

8 Cet exercice évalue la maîtrise de la technique usuelle de la multiplication posée, dans le cas d'un multiplicande de trois chiffres et d'un multiplicateur de deux chiffres. 384 × 23 = 8 832

9 Il s'agit de déterminer si l'élève est capable de déduire d'un énoncé de problème l'opération à effectuer.
Il n'y a ici qu'un seul chiffre au multiplicateur, mais une difficulté supplémentaire avec un zéro pour le chiffre des dizaines. 205 × 7 = 1 435

Séance 5

Consolidation

Remédiation : Exercice 10

La technique de la multiplication est reprise en appliquant un code couleur qui va aider l'élève en lui permettant de visualiser la décomposition additive, et d'effectuer les calculs intermédiaires dans le bon ordre.

Approfondissement : Exercice 11

Résoudre une multiplication posée avec des trous est une tâche compliquée. Elle nécessite de maîtriser la technique « normale », et une parfaite connaissance des tables de multiplication. La gestion des retenues rend l'exercice encore plus difficile.
438 × 17 = 3 066 + 4 380 = 7 446

B3 Bilan de l'unité 3

Fichier pp. 38-39

Évaluation sommative

Énoncés	Réponses et commentaires
1 Pose et **calcule**.	5 14 11 8 – +1 7+1 9 2 = **4 6 2 6** 5 418 – 792 = **4 626** **Remédiation :** Revoir la technique de la pose de la soustraction de deux nombres ne comportant pas le même nombre de chiffres. Utiliser un tableau de numération.
2 Pose et **calcule**.	2 6 3 × 2 4 1 0 5 2 (1) (2) + 5 2 6 0 (1) **6 3 1 2** 263 × 24 = **6 312** **Remédiation :** Revoir les tables de multiplication et la technique de la multiplication par un nombre à deux chiffres. L'élève peut oublier d'écrire 0 quand il multiplie par des dizaines.
3 Trace et **colorie**, en bleu et en rose, les colonnes représentant les poésies et les magazines. **Réponds** aux questions.	Quelle catégorie comporte le plus de livres ? **Romans** Le moins de livres ? **Poésies** Combien de livres sont des BD ? **200** Quelles catégories contiennent 300 livres ? **Les documents et les magazines contiennent 300 livres.** **Remédiation :** Revoir la lecture d'un graphique à colonnes et notamment les graduations verticales. 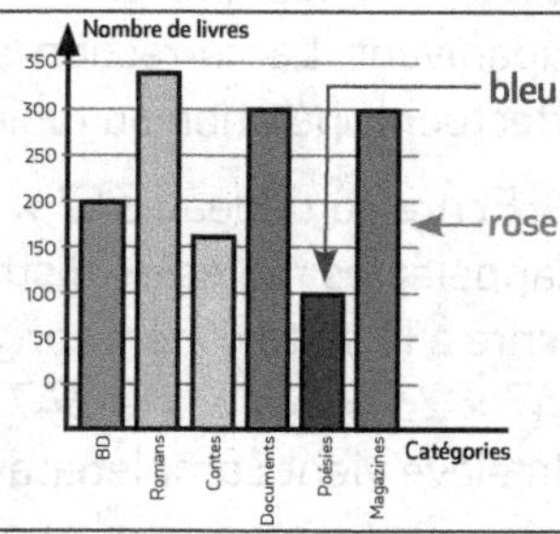
4 Écris l'heure indiquée par chaque horloge.	 **3 h 40**  **8 h 05** **Remédiation :** Reprendre la lecture de l'heure avec une vraie horloge.
5 Convertis.	1 h = **60** min 1 année = **12** mois 1 min = **60** s 1 décennie = **10** années 1 semaine = **7** jours 1 siècle = **100** années **Remédiation :** S'assurer que les unités de mesure du temps ainsi que leurs relations sont connues.
6 Au cinéma, le film commence à 20 h 30 et se termine à 22 h 15. **Quelle est la durée de ce film ?**	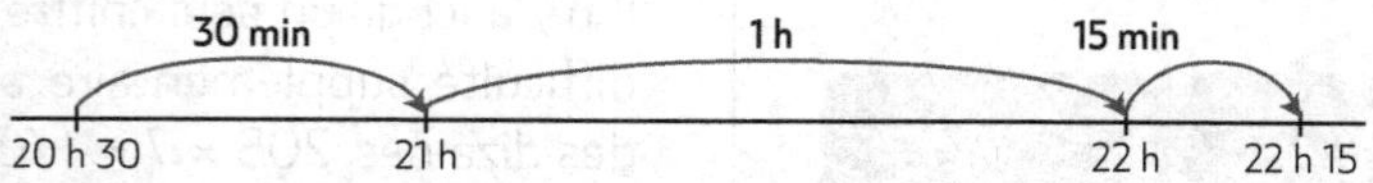 30 min + 15 min = 45 min 1 h + 45 min = **1 h 45 min** *La durée de ce film est de 1 h 45 min.* **Remédiation :** S'assurer que le schéma est bien compris.

Consolidation

1 Calcule.	m c d u 7 3 14 9 – +1 8+1 6 5 = **6 4 8 4** m c d u 1 3 6 × 2 4 **5 4 4** (2) (1) + **2 7 2 0** (1) = **3 2 6 4**
2 Yannis a commencé son entraînement de foot à 17 h 40. Il s'est arrêté à 18 h 30. **Combien de temps s'est-il entraîné ?**	20 min + 30 min = 50 min *Il s'est entraîné pendant 50 min.* 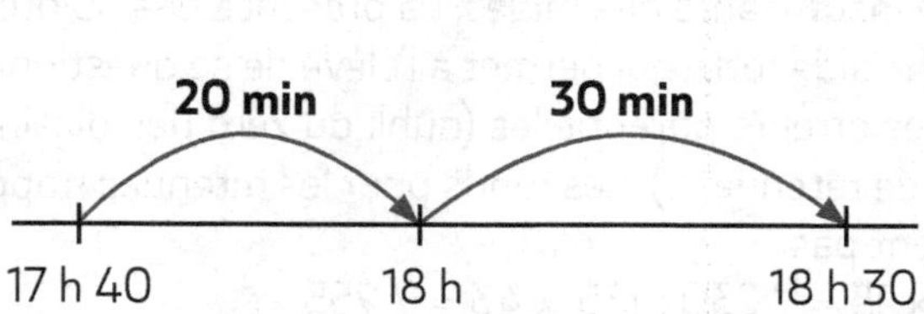

S1 Évaluation semestrielle (1)

Fichier pp. 40-41

Énoncés	Réponses et commentaires
1 Complète le tableau, comme dans l'exemple.	see below

824	huit cent vingt-quatre	**800 + 20 + 4**
518	**cinq cent dix-huit**	500 + 10 + 8
3 420	trois mille quatre cent vingt	**3 000 + 400 + 20**
6 207	**six mille deux cent sept**	**6 000 + 200 + 7**

Remédiation : Utiliser un tableau de numération.

2 Range ces nombres dans l'ordre croissant.

936 < 947 < 1 285 < 2 469

Remédiation : Vérifier que l'expression « ordre croissant » est bien comprise. Revoir les règles de comparaison.

3 4 5 Pose et **calcule**.

	(2)	(2)	(1)	
	3	5	8	7
+		5	6	4
+	4	8	6	3
	9	0	1	4

	8	15	13	7
−	3+1	6+1	7	5
	4	8	6	2

		3	6	5	
×			2	4	
	1	4	6	0	(2) (2)
+	7	3	0	0	(1) (1)
	8	7	6	0	

Remédiation : Revoir les techniques opératoires ainsi que les tables d'addition et de multiplication.

6 Repasse :
- en bleu la droite perpendiculaire à la droite rouge ;
- en vert la droite parallèle à la droite rouge.

La droite **c** est perpendiculaire à la droite rouge.
La droite **a** est parallèle à la droite rouge.

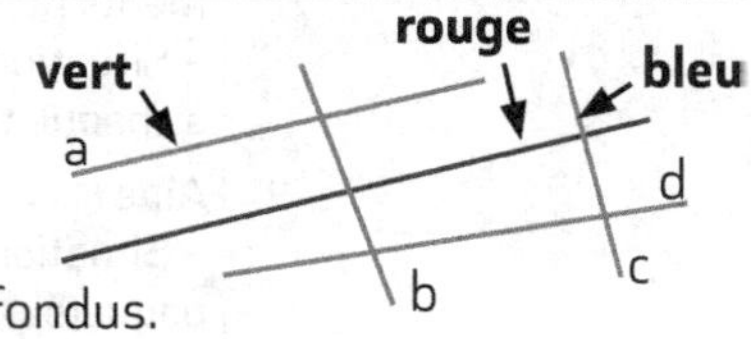

Remédiation : S'assurer que les mots « perpendiculaire » et « parallèle » ne sont pas confondus.

7 Trace deux droites perpendiculaires.
8 Trace deux droites parallèles.

Correction par l'enseignant.

Remédiation : Revoir les méthodes de traçage des droites perpendiculaires et des droites parallèles avec l'équerre.

9 Dessine :
- un angle droit ;
- un angle obtus.

Correction par l'enseignant.

Remédiation : Vérifier l'acquisition du vocabulaire. Revoir les notions d'angles grâce au pliage d'une feuille de papier.

10 Convertis ces longueurs en cm. **Range** ces tailles dans l'ordre décroissant. **Quel enfant possède le bâton le plus petit ?**

1 m 24 cm = 124 cm   1 m 9 cm = 109 cm   12 dm = 120 cm
124 cm > 120 cm > 109 cm
Noa possède le bâton le plus petit.

Remédiation : S'assurer que les unités de mesure de longueurs ainsi que leurs relations sont connues.

11 Écris l'heure indiquée par chaque horloge.

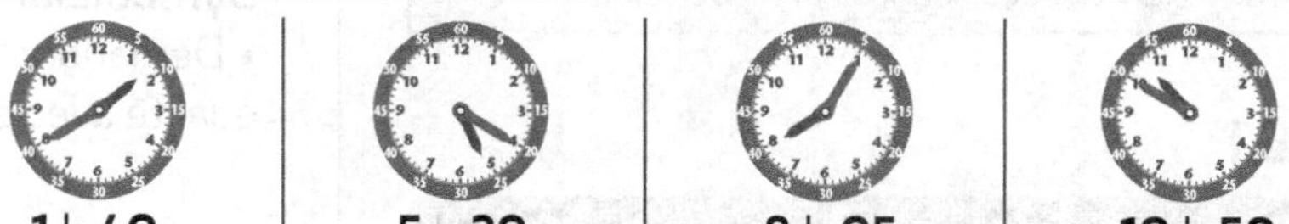

1 h 40 | **5 h 20** | **8 h 05** | **10 h 50**

Les heures du soir sont aussi acceptables : 13 h 40 ; 17 h 20 ; 20 h 05 ; 22 h 50.

Remédiation : Reprendre la lecture de l'heure avec une vraie horloge.

12 Problème.
Fatima prépare des baklavas aux cacahuètes. Il est 10 h 45 quand elle les met au four à 180 °C. Elle les sort à 11 h 35.
Quelle est la durée de cuisson des baklavas ?

15 min + 35 min = 50 min
La durée de cuisson des baklavas est de 50 min.

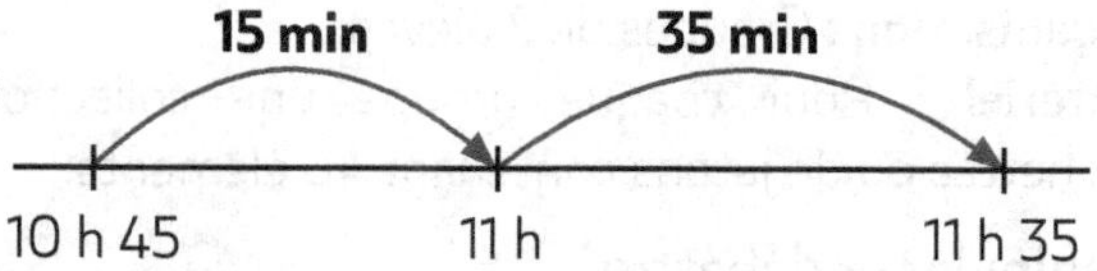

Remédiation : S'assurer que les unités de mesure du temps ainsi que leurs relations sont connues. Revoir l'utilisation du schéma permettant de calculer une durée.

13 La division : introduction

Fichier pp. 42-43

Programme	**Les opérations de calcul : addition, soustraction, multiplication et division.** La division : introduction.
Objectifs de l'apprentissage	Résoudre des situations de groupements et de partages.
Remarques préalables	Deux types de problèmes sont à distinguer dans le cadre de la division : problèmes de division quotition et problèmes de division partition. Résoudre un problème de division quotition revient à calculer le nombre de parts identiques que l'on peut faire dans une collection connaissant la valeur d'une part. On aborde cette division par des situations de groupements. Résoudre un problème de division partition revient à calculer la valeur d'une part connaissant le nombre de parts identiques que l'on peut faire dans une collection. On aborde cette division par des situations de partages. Les élèves résolvent des situations de groupements à l'aide de schémas figuratifs en formant des groupes de même effectif, puis en les dénombrant. Ils découvrent qu'en procédant ainsi ils effectuent une division. Cette étape, pauvre en activité purement mathématique, est destinée à donner du sens à la notion de groupement au travers d'images mentales, tout en l'associant à la notion de division. Il en est de même pour les situations de partages. Les élèves vont aussi les résoudre à l'aide de schémas représentant une distribution équitable un à un. Il s'agit d'aider les élèves à comprendre que pour partager une collection de façon équitable entre n personnes, on peut distribuer un objet à chacune, puis recommencer autant de fois que cela est possible. À chaque étape on distribue donc *n* objets, ce qui permet d'associer le nombre d'objets distribués à un multiple de n. **Difficultés de la leçon** – Situation de groupements : Interpréter chaque groupement comme une nouvelle unité, distincte des éléments non groupés. – Situation de partages : Établir le lien entre partager une collection entre *n* personnes et distribuer *n* objets à chaque tour de table en distribuant un objet à chaque personne. **Aide** – Situation de groupements : Associer le mot « paquet » à chaque groupement dénombré : un paquet, deux paquets... – Situation de partages : Vivre ce genre de partage en analysant chaque étape de la distribution.

Calcul mental : Compléments à la centaine supérieure

Séances 1 à 3 (sur ardoise)
Séance 1 : *Écrire : 70 + ... = 100 ; l'élève écrit 30.*
Séance 2 : *Écrire : 20 + ... = 100 ; l'élève écrit 80.*
Séance 3 : *Écrire : 180 + ... = 200 ; l'élève écrit 20.*

Séance 4 (sur fichier)
→ *Écrire : 60 + ... = 100 ; l'élève écrit 40.*
Items *: 60 + ... = 100 ; 30 + ... = 100 ; 260 + ... = 300 ; 120 + ... = 200 ; 470 + ... = 500.*

Séance 5 : *Consolidation des séances précédentes.*

Séance 1

Activités collectives de construction du concept

Activité 1 : Compter avec des paquets de 5
Organisation : Groupes de 2 élèves.
Matériel : Pour chaque groupe une collection de bûchettes ou de jetons contenant 46 éléments.

Manipuler et débattre
▪ Demander : « *Combien de paquets de 5 jetons pouvez-vous former avec 46 jetons ? Restera-t-il des jetons ?* »
▪ Laisser chaque groupe former ses paquets puis demander d'écrire sur l'ardoise : ... paquets ; il reste ... jeton(s).
▪ Tous les groupes lèvent leur ardoise, contrôler rapidement le nombre de réponses exactes et décider ou non, de faire reprendre la manipulation et le dénombrement par un élève face à la classe.
▪ Faire verbaliser le résultat de cette manipulation par la phrase : « 46 jetons c'est 9 paquets de 5 jetons et 1 jeton isolé. »

Symboliser
▪ Demander de traduire la phrase précédente par une égalité avec des nombres : 46 = 9 × 5 + 1.

Activité 2 : Organiser un partage équitable
Organisation : Groupes de 5 élèves.
Matériel : Pour chaque groupe un jeu de 30 cartes (prendre un jeu de 32 cartes et retirer 2 cartes).

Manipuler et débattre
▪ Dans chaque groupe, un « distributeur » est chargé de partager le paquet de 30 cartes entre les quatre autres élèves en distribuant le même nombre de cartes à chacun.
▪ Laisser chaque groupe effectuer son partage. Faire verbaliser les différentes stratégies de distribution.

- Demander à chaque élève d'annoncer le nombre de cartes qu'il a reçues afin de vérifier que le partage est équitable. Demander s'il reste des cartes et pourquoi elles n'ont pas été distribuées.
- Représenter au tableau les différentes étapes de cette distribution à l'aide d'un schéma du type de celui qui est représenté dans l'exercice 1 du fichier : 30 jetons aimantés (ou dessinés) sont placés à côté d'un tableau comportant quatre lignes, sur chaque ligne figure le prénom d'un élève. Placer un jeton sur chacune des quatre lignes (ou le dessiner en l'effaçant de la collection initiale) et recommencer la même opération tant qu'il reste assez de jetons pour en placer un sur chaque ligne.
- Constater que ce schéma représente le partage vécu dans chaque groupe.

Symboliser

Demander de traduire la situation de division par une égalité avec les nombres : 30 = 7 × 4 + 2.

Activité 3 : Exercices 1 et 2 du fichier

1 C'est l'application directe de la première activité de recherche.
Les élèves doivent partager 15 sucettes entre 3 enfants. Pour cela, ils doivent dessiner les sucettes au fur et à mesure qu'ils réalisent la distribution. Ne pas hésiter à leur demander de représenter les sucettes par des croix. 15 = 3 × 5. Chaque enfant aura 5 sucettes et il ne restera aucune sucette.

2 Cette fois, ils doivent chercher le nombre de paquets de 6 cornes de gazelle que l'on peut réaliser avec 20 cornes. Pour cela, les élèves réalisent des groupes de 6. 20 = 3 × 6 + 2. Il y aura donc 3 paquets de 6 et il restera 2 cornes de gazelle.

Séance 2

Activités individuelles de mathématisation

Exercice 3

Les élèves doivent partager 16 feuilles entre 4 enfants. Ce travail est semblable à celui de l'exercice 1 du fichier. Après avoir distribué les feuilles une à une, les élèves vont conclure que chaque enfant aura 4 feuilles et il ne restera pas de feuille : 16 = 4 × 4.

Séance 3

Exercices 4 et 5

4 Si on range 26 pommes dans des boîtes de 6 pommes, il faut 4 boîtes et il restera 2 pommes.
26 = 4 × 6 + 2.

5 Les 60 cahiers ne sont pas dessinés. Les élèves sont donc libres de les dessiner ou d'utiliser le calcul. Le directeur fera donc 6 paquets de 10 cahiers : 60 = 6 × 10.

Séance 4

Évaluation formative

Exercice 6

C'est un problème de division quotition puisque les élèves doivent calculer le nombre de pochettes de 4 feutres que l'on peut faire avec 21 feutres. En utilisant le schéma, les élèves vont en déduire que 5 pochettes seront remplies. Il restera 1 feutre. 21 = 5 × 4 + 1.

Séance 5

Consolidation

Remédiation : Exercice 7

Les élèves doivent observer un schéma correspondant à la résolution d'une situation de division quotition. Les croix représentant les images sont groupées par 4 afin de faciliter la tâche de l'élève.
Un groupe de 4 croix n'étant pas entouré, le schéma n'est donc pas complet : Ali peut encore remplir une pochette de 4 images. En effet, dans une division le reste doit toujours être inférieur au diviseur, ici 4. Ali peut remplir 4 pochettes et il restera 1 image. 17 = 4 × 4 + 1

Approfondissement : Exercice 8

La table de 10 est utilisée. Le nombre choisi est volontairement grand afin que le recours au schéma soit coûteux en temps.
Comme précédemment, si Mehdi **réalise 8 boîtes de 10 chocolats, il restera 12 chocolats**. Or 12 > 10, Mehdi peut encore faire un paquet de 10 chocolats. Avec 92 chocolats, il peut réaliser 9 paquets de 10 et il reste 2 chocolats. 92 = 9 × 10 + 2.
On peut aussi utiliser la décomposition des nombres : 92 = 9d 2u ; 1d correspondant à 1 boîte de 10 chocolats. On peut donc remplir 9 boîtes et il restera 2 chocolats.

14 Reconnaissance du périmètre d'un carré et d'un rectangle

Fichier pp. 44-45

Programme	**Géométrie.** Définition du périmètre du carré et du rectangle.
Objectifs de l'apprentissage	Reconnaître et calculer le périmètre d'un carré et d'un rectangle.
Remarques préalables	Avec cette leçon, les élèves donneront du sens à leurs calculs en mettant en parallèle l'action et sa modélisation. Dans un premier temps, ils reportent les longueurs des côtés d'un rectangle à l'aide d'un compas ou d'une bande de papier sur une droite faisant apparaître le périmètre comme un segment dont la mesure est la somme des longueurs des côtés. Dans un deuxième temps, ils mesurent les longueurs des côtés du rectangle et calculent la mesure du périmètre en effectuant la somme de ces longueurs. **Difficulté de la leçon** Admettre qu'un segment représente la longueur développée du contour de la figure. **Aide** La manipulation.

Calcul mental : Additions avec franchissement de la dizaine

Séances 1 à 3 (sur ardoise)
Séance 1 : *Écrire : 19 + 4 = ... (ajouter 4) ; l'élève écrit 23.*
Séance 2 : *Écrire : 28 + 5 = ... (ajouter 5) ; l'élève écrit 33.*
Séance 3 : *Écrire : 39 + 6 = ... (ajouter 6) ; l'élève écrit 45.*

Séance 4 (sur fichier)
→ *Écrire : 26 + 6 ; l'élève écrit 32.*
***Items** : 26 + 6 ; 17 + 5 ; 28 + 5 ; 38 + 4 ; 29 + 4.*

Séance 5 : *Consolidation des séances précédentes.*

Séance 1

Activités collectives de construction du concept

Activité 1
Organisation : Classe entière.
Matériel : Photocopie (*cf.* matériel photocopiable p. 78 du guide).

- Distribuer la photocopie.
- Écrire le problème : *« Omar veut repasser en noir le tour du rectangle. Quelle bande noire couvrira exactement le tour du rectangle ? »*

La méthode des comparaisons des longueurs
Se servir d'une bande de papier ou d'un compas pour reporter les longueurs des côtés du rectangle sur les bandes noires.
Le report des longueurs couvre exactement la bande **B** mais dépasse la bande **A**. C'est donc la bande **B** qui couvrira le tour du rectangle. Le tour du rectangle s'appelle le périmètre. La longueur de la bande **B** est égale à la longueur du périmètre du rectangle.

La méthode du calcul des mesures
Les élèves mesurent chaque côté du rectangle avec leur règle graduée et reportent les mesures 6 cm, 2 cm, 6 cm et 2 cm sur les bandes. La mesure de longueur de la bande **B** est la somme des mesures des longueurs des côtés. La bande **B** mesure 16 cm. Calcul symbolisé par l'égalité : 6 cm + 2 cm + 6 cm + 2 cm = 16 cm. La mesure de la longueur de cette bande le confirme. La mesure de la bande **B** est donc la mesure du périmètre du rectangle. La bande **A** de mesure 15 cm ne l'est pas.

Activité 2 : Exercices 1 et 2 du fichier

1 Avec un compas ou une bande de papier, les élèves reportent bout à bout les longueurs des côtés du rectangle et tracent le segment qui représente le périmètre. Ils le mesurent et complètent la phrase réponse : *Le périmètre de ce rectangle mesure 16 cm.*

2 Les élèves répondent à la première question : *Combien de côtés du rectangle Ali doit-il mesurer ?*
Faire observer la figure et rappeler la propriété des côtés d'un rectangle. La mesure d'un « grand » côté et celle d'un « petit côté » suffisent. La réponse à la question est donc deux côtés. Il faut cependant calculer deux fois la somme de ces deux mesures pour connaître la mesure du périmètre. Le calcul peut s'écrire :
- 5 cm + 3 cm + 5 cm + 3 cm = 16 cm
- 5 cm + 3 cm = 8 cm et 2 × 8 cm = 16 cm.

Les élèves constatent que la valeur est la même que précédemment et cochent la case oui.

Séance 2

Activités individuelles de mathématisation

Exercices 3 et 4

3 Pour calculer le périmètre du carré, la mesure d'un seul côté suffit. Les élèves mesurent la longueur du côté et l'écrivent : *4 cm.* Pour calculer le périmètre du carré, il faut compter 4 fois la mesure d'un côté donc 4 fois 4 cm. Ils écrivent le calcul : *4 + 4 + 4 + 4 = 16 ou 4 × 4 = 16* et la phrase réponse : *Le périmètre du carré mesure 16 cm.* Si nécessaire, la vérification se fait par report des longueurs des côtés.

4 Les élèves doivent repérer le périmètre d'un rectangle en observant les longueurs des côtés reportés. Sur le report marron, les quatre longueurs sont identiques alors que, sur le report violet, les quatre longueurs sont égales deux à deux, elles sont dessinées dans l'ordre où on les rencontre quand on fait le tour du rectangle. Le report marron est donc le périmètre du carré. Il faut cocher le report violet qui est le périmètre du rectangle et compléter les phrases : *Le périmètre du rectangle est égal à 16 cm et celui du carré à 12 cm. Un côté du carré mesure 3 cm.*

Séance 3

Exercices 5, 6, 7 et 8

5 Les élèves doivent calculer le périmètre d'un carré après avoir mesuré le côté du carré. Le côté du carré mesure 3 cm. Le périmètre du carré mesure 12 cm. On préfèrera l'écriture 4 × 3 cm = 12 cm à l'écriture 3 cm + 3 cm + 3 cm + 3 cm = 12 cm.
Le périmètre du carré mesure 12 cm.

6 Les élèves doivent mesurer le périmètre d'un rectangle. Ses côtés mesurent 4 cm et 3 cm. On préfèrera les écritures : 3 cm + 4 cm = 7 cm et 7 cm + 7 cm = 14 cm ou 2 × 7 cm = 14 cm, plus « économique », à l'écriture 4 cm + 3 cm + 4 cm + 3 cm = 14 cm.
Le périmètre du rectangle mesure 14 cm.

7 Dans le premier problème, les côtés du rectangle mesurent 25 m et 36 m. 25 m + 36 m = 61 m.
Le périmètre de la cour mesure 2 × 61 m = 122 m.

8 Le deuxième problème est plus difficile. Il nécessite deux opérations pour répondre à la question. Tout d'abord, il faut calculer le périmètre d'un jardin carré de 34 m de côté puis comparer sa mesure à celle de la longueur de 4 rouleaux de 25 m de grillage.
Le périmètre du carré est égal à 136 m.
La longueur du grillage est égale à 100 m.
Ali n'a pas acheté assez de grillage.
De façon plus astucieuse, on pouvait aussi comparer la longueur de chaque côté du carré (34 m) à la longueur de chacun des 4 rouleaux de grillage (25 m).

Séance 4

Évaluation formative

Exercices 9 et 10

9 Le périmètre du rectangle mesure 16 cm. Les opérations 6 cm + 2 cm + 6 cm + 2 cm = 16 cm ou 6 cm + 6 cm + 2 cm + 2 cm = 16 cm sont validées. L'écriture 6 cm + 2 cm = 8 cm et 8 cm × 2 = 16 cm ou 2 × 8 cm = 16 cm sera toutefois préférable.

10 Le périmètre du champ mesure 54 m + 54 m + 54 m + 54 m = 216 m. L'écriture 54 m × 4 = 216 m ou 4 × 54 m = 216 m sera toutefois préférable.

Séance 5

Consolidation

Remédiation : Exercice 11

L'élève doit remarquer que Nora utilise l'addition réitérée de la même mesure quatre fois. Elle calcule donc le périmètre d'un carré de 5 cm de côté. Wassim exprime le calcul d'une addition de deux « grands » nombres identiques (7) et deux « petits » nombres identiques (2). Il calcule donc le périmètre d'un rectangle.

Approfondissement : Exercice 12

Les élèves procéderont sûrement de manière empirique en effectuant des essais. Le débat dégagera la manière experte. La mesure du périmètre d'un carré est égale à quatre fois la mesure d'un côté. *« Quel est le nombre qui, répété quatre fois, donne 12 ? »* La table de 4 de la multiplication donne la réponse : 4 × 3 = 12. Les côtés du carré doivent mesurer 3 cm.

15 La division : quotient exact

Fichier pp. 46-47

Programme	**Les opérations de calcul : addition, soustraction, multiplication et division.** La division : introduction.
Objectifs de l'apprentissage	Calculer le quotient exact d'une division.
Remarques préalables	Dans cette leçon, les élèves résolvent des situations de groupements ou de partages à l'aide de la table de multiplication du diviseur (nombre d'éléments contenus dans chaque groupement ou nombre de parts). Il s'agit de retrouver le dividende (nombre total d'objets) dans la table de multiplication du diviseur. Le passage de la leçon 13 à la leçon 15 comporte donc plusieurs obstacles. C'est en construisant des relations entre ces deux leçons que l'enseignant peut aider ses élèves à établir un lien entre les deux démarches de résolution que sont le dessin et le calcul. **Difficulté de la leçon** Comprendre le choix de la table de multiplication et savoir l'utiliser. **Aide** Établir le lien entre la résolution à l'aide d'un schéma et la résolution à l'aide d'une table de multiplication.

Calcul mental : Soustractions avec franchissement de la dizaine

Séances 1 à 3 (sur ardoise)

Séance 1 : *Écrire : 13 – 4 = … (soustraire 4) ; l'élève écrit 9.*

Séance 2 : *Écrire : 32 – 5 = … (soustraire 5) ; l'élève écrit 27.*

Séance 3 : *Écrire : 24 – 6 = … (soustraire 6) ; l'élève écrit 18.*

Séance 4 (sur fichier)

→ *Écrire : 24 – 5 = … ; l'élève écrit 19.*

Items : 24 – 5 ; 35 – 6 ; 43 – 5 ; 52 – 4 ; 62 – 5.

Séance 5 : *Consolidation des séances précédentes.*

Séance 1

Activités collectives de construction du concept

Activité 1 : Résoudre une situation de partages

Organisation : Groupes de 2 élèves.

Matériel : Pour chaque groupe, une collection de 28 bûchettes et 4 pots de yaourts ; photocopie du tableau (*cf.* matériel photocopiable p. 78 du guide).

▪ Reproduire le tableau ci-dessous sur le grand tableau de la classe et en distribuer la photocopie à chaque groupe.

Nombre de bûchettes dans chaque pot	Nombre de bûchettes distribuées
1	4

▪ Écrire au tableau : *« Partagez équitablement 28 bûchettes entre les 4 pots de yaourt. Combien de bûchettes chaque pot reçoit-il ? »*

▪ Expliquer ce que signifie « équitablement » : de manière que chaque pot contienne le même nombre de bûchettes et qu'on ne puisse plus en distribuer. Préciser qu'après la distribution d'une bûchette dans chacun des 4 pots, une ligne du tableau doit être complétée.

Manipuler et symboliser

Chaque groupe effectue son partage et complète son tableau ligne par ligne.

Quand les manipulations sont terminées et le tableau complété, demander à chaque groupe d'écrire sur son ardoise le nombre de bûchettes contenues dans chaque pot.

Débattre

Un groupe d'élèves vient compléter le tableau dessiné au tableau de la classe sous l'œil des autres élèves qui valident.

Demander pourquoi le tableau s'arrête à la 7e ligne.

Faire ressortir du débat que cette situation peut être résolue en utilisant la table de 4 de la multiplication : 28 = 7 × 4.

Activité 2 : Exercices 1 et 2 du fichier

1 Il faut **grouper** par 5 les 30 élèves de la classe.

La table de multiplication proposée et la flèche rouge sont une aide forte dans la résolution.

30 = 6 × 5 que l'on écrit aussi 30 : 5 = 6.

Avec 30 élèves on peut former 6 équipes de 5 joueurs.

Le quotient de cette division est 6.

2 Montrer que toutes ces divisions peuvent être calculées en utilisant les tables de 4 (première ligne) et de 5 de la multiplication (deuxième ligne).

Calculer 20 : 4 revient à résoudre la multiplication à trou … × 4 = 20, c'est-à-dire à trouver combien il y a des paquets de 4 dans 20 : on dit « combien de fois 4 dans 20 ». On cherche donc 20 dans la table de 4 et on constate que 5 × 4 = 20. Donc 20 : 4 = 5.

32 : 4 = 8 ; 28 : 4 = 7 ; 35 : 5 = 7 ; 20 : 5 = 4 ; 15 : 5 = 3.

Séance 2

Activités individuelles de mathématisation

Exercices 3 et 4

3 Faire découvrir que cette situation est la même que celle de l'activité manipulatoire. Il faut **partager** 32 cartes entre les 4 amis. Il faut donc calculer 32 : 4 c'est-à-dire chercher 32 dans la table de 4 de la multiplication.
32 = 8 × 4 ; 32 : 4 = 8.
Chaque joueur recevra 8 cartes.
Le quotient de 32 divisé par 4 est 8.

4 Le pâtissier a préparé 72 cornes de gazelle et doit faire des sachets de 8 cornes (les **grouper** par 8). Il faut donc calculer 72 : 8, c'est-à-dire chercher 72 dans la table de 8 de la multiplication.
72 = 9 × 8 ; 72 : 8 = 9.
Il peut confectionner 9 sachets de 8 gâteaux.
Le quotient de 72 divisé par 8 est 9.

Séance 3

Exercices 5, 6 et 7

5 Faire découvrir que cette situation est la même que celle de l'activité manipulatoire. Papi doit **partager** 30 oranges entre ses 6 petits-enfants. Il faut donc calculer 30 : 6 c'est-à-dire chercher 30 dans la table de 6 de la multiplication. 30 = 5 × 6 ; 30 : 6 = 5.
Chaque enfant aura 5 oranges.
Le quotient de 30 divisé par 6 est 5.

6 Il faut **grouper** par 8 les 32 poissons. Il faut donc calculer 32 : 8, c'est-à-dire chercher 32 dans la table de 8 de la multiplication.
32 = 4 × 8 ; 32 : 8 = 4.
Il faut 4 aquariums.
Le quotient de 32 divisé par 8 est 4.

7 L'exercice est semblable à l'exercice 2. L'élève travaille seul.
28 : 4 = 7 ; 45 : 9 = 5 ; 24 : 8 = 3 ; 35 : 7 = 5 ; 54 : 6 = 9.

Séance 4

Évaluation formative

Exercices 8 et 9

8 C'est un problème de partage puisqu'il faut **partager** 20 bracelets entre 4 amies. Il faut donc calculer 20 : 4. L'utilisation de la table de 4 montre que 5 × 4 = 20, donc 20 : 4 = 5.
Chaque amie recevra 5 bracelets.

9 La correction fera appel aux exercices 2 et 7.
28 : 4 = 7 ; 40 : 5 = 8 ; 56 : 8 = 7 ; 18 : 2 = 9.

Séance 5

Consolidation

Remédiation : Exercice 10
Cet exercice insiste sur la résolution d'une situation de division par l'utilisation d'une table de multiplication.
On peut former respectivement 2, 3, 4 et 6 équipes de 7 joueurs.

Approfondissement : Exercice 11
C'est un prolongement qui utilise la commutativité de la multiplication et qui se conduit par analogie, même si on ne dispose pas des tables.
100 = 20 × 5 implique que 100 : 5 = 20 ou que 100 : 20 = 5.
60 = 15 × 4 implique que 60 : 4 = 15 ou que 60 : 15 = 4.

16 Les fractions : introduction

Fichier pp. 48-49

Programme	**Les fractions.** Introduction, lecture et écriture.
Objectifs de l'apprentissage	Reconnaître les fractions de base. Reconnaître des fractions simples.
Remarques préalables	Les élèves découvrent le concept de fraction en distinguant numérateur et dénominateur. Il est important qu'ils comprennent que si le dénominateur indique en combien de parts l'unité a été partagée, il indique donc aussi la taille de chaque part de l'unité, alors que le numérateur indique le nombre de parts choisies. Les élèves ne peuvent pas prendre conscience de l'importance de l'égalité des parts pour interpréter la relation entre le numérateur et le dénominateur par rapport à l'unité de référence sans activité de manipulation comme celle *du partage* d'un tout *en parties égales*. Ce partage permet de reconnaître, par exemple, que la valeur $\frac{1}{4}$ sera la même quelle que soit la façon de partager ou quelle que soit la grandeur de la forme. De même, ce partage permet aussi de comprendre que $\frac{1}{4}$ est nécessairement plus petit que $\frac{1}{3}$. **Difficulté de la leçon** Comprendre qu'une fraction est un nouveau nombre s'écrivant à l'aide de deux nombres entiers naturels. **Aide** Utiliser des manipulations concrètes s'appuyant sur les aires d'une feuille, d'une bande de papier.

Calcul mental : Calcul de doubles (nombres supérieurs à 10)

Séances 1 à 3 (sur ardoise)
Séance 1 : *Dire : « Double de 16 » ; l'élève écrit 32.*
Séance 2 : *Dire : « Double de18 » ; l'élève écrit 36.*
Séance 3 : *Dire : « Double de 47 » ; l'élève écrit 94.*

Séance 4 (sur fichier)
➜ *Dire : « Double de 17 » ; l'élève écrit 34.*
***Items :** « Double de 19 » ; « Double de 34 » ; « Double de 28 » ; « Double de 45 » ; « Double de 25 ».*

Séance 5 : *Consolidation des séances précédentes.*

Séance 1

Activités collectives de construction du concept

Activité 1 : Pliage 1

Organisation : Groupes de 4 élèves.
Matériel : 4 feuilles carrées par groupe ; des crayons de couleur.

Chaque groupe dispose de quatre feuilles carrées.
- Demander aux élèves de trouver trois façons différentes de plier les feuilles afin d'obtenir quatre parties superposables. Compléter les pliages, si nécessaire, pour parvenir aux trois pliages ci-dessous.

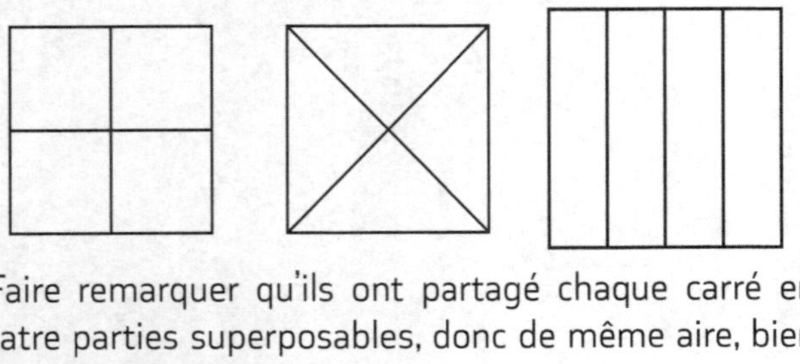

- Faire remarquer qu'ils ont partagé chaque carré en quatre parties superposables, donc de même aire, bien que de formes différentes.
- Demander de colorier une des cases de chaque carré, puis d'indiquer l'aire de la partie coloriée de chaque figure.
- On écrit que l'aire de la partie coloriée mesure $\frac{1}{4}$ de la feuille carrée. On nomme ce nombre un quart.

Ce nouveau nombre est une fraction :
  – 4 est le dénominateur : il indique le type de partage de l'unité (ici en quatre parts égales) ;
  – 1 est le numérateur : il précise le nombre de parties coloriées (ici une partie).
- Demander ensuite aux élèves d'écrire la fraction qui exprime l'aire de la partie non coloriée du carré. Lors de la mise en commun, les élèves remarquent que cette partie non coloriée représente trois fois $\frac{1}{4}$: sa mesure s'écrit $\frac{3}{4}$ (trois quarts).

Activité 2 : Pliage 2

Organisation : Classe entière.
Matériel : 2 bandes de papier de 20 cm par élève ; des crayons de couleurs.

- Plier une bande de papier en deux. Faire colorier une des deux parties.

Demander d'écrire et de justifier les fractions $\frac{1}{2}$ qui expriment l'aire de la partie coloriée et celle qui exprime l'aire de la partie non coloriée.
- Prendre la 2e bande. La plier 3 fois pour obtenir 8 parties égales. Faire colorier trois parties. Faire écrire et justifier la fraction correspondante : $\frac{3}{8}$.
- Écrire la fraction $\frac{6}{8}$. Demander combien de parties ont été choisies pour être coloriées.

Activité 3 : Exercices 1 et 2 du fichier

1 Le gâteau d'Ali a été partagé en quatre, Ali a pris une part, cette fraction du gâteau s'écrit $\frac{1}{4}$. Lire la bulle de Mathix.

▪ Faire déduire l'écriture des fractions suivantes : Sara a pris $\frac{1}{3}$ du gâteau, Mehdi $\frac{1}{2}$ et Nour $\frac{1}{6}$.
▪ Faire lire les fractions : un quart, un tiers, un demi, un sixième.
▪ Faire remarquer que la taille des parts dépend du dénominateur.

2 ▪ Faire expliquer l'écriture de la fraction du gâteau vert.
▪ Faire trouver le dénominateur. Le dénominateur est le nombre 8 situé sous la barre de la fraction. Il indique le nombre de parts qui ont été découpées dans le gâteau.
▪ Faire trouver le numérateur. Il est écrit au-dessus de la barre et il représente la part prise. Pour le gâteau vert, c'est le nombre 3. La fraction est donc $\frac{3}{8}$.
▪ Procéder de même pour les gâteaux orange ($\frac{2}{5}$) et jaune ($\frac{6}{10}$).

Séance 2

Activités individuelles de mathématisation

Exercices 3, 4 et 5

3 Il faut écrire en chiffres la fraction écrite en lettres : un cinquième → $\frac{1}{5}$; un sixième → $\frac{1}{6}$; un huitième → $\frac{1}{8}$; un dixième → $\frac{1}{10}$; un douzième → $\frac{1}{12}$. L'accent est mis sur le dénominateur : sixième, huitième, dixième et douzième qui indique le nombre total de parts et qui donne son nom à la fraction.
▪ Faire remarquer que les dénominateurs 2 (demi), 3 (tiers) et 4 (quarts) rencontrés précédemment n'obéissent pas à la règle générale en « ième » car l'usage les avaient nommés avant l'apparition de cette règle.

4 Pour cet exercice, on utilise une bande rectangulaire. Les élèves doivent lire l'écriture mathématique de la fraction et la traduire par un coloriage.
$\frac{1}{2}$ c'est la moitié de la bande, c'est un morceau colorié, il reste un morceau non colorié ; $\frac{3}{4}$ ce sont trois morceaux égaux de la bande coloriés, il reste un morceau non colorié.

5 C'est la réciproque de l'exercice précédent. Il faut écrire les fractions de bandes correspondant aux parties coloriées de trois bandes partagées en six parties. Première bande : $\frac{5}{6}$; deuxième bande : $\frac{4}{6}$; troisième bande : $\frac{1}{6}$.

Séance 3

Exercices 6, 7 et 8

6 Pour chaque drapeau, le dénominateur est le nombre total de bandes, 3 pour le drapeau français, 4 pour le drapeau mauricien, 2 pour le polonais et 3 pour le hongrois. Quant aux nombres des numérateurs c'est 1 car pour chaque drapeau, la bande rouge est une seule partie des bandes égales. Les fractions sont donc respectivement : $\frac{1}{3}, \frac{1}{4}, \frac{1}{2} ; \frac{1}{3}$.

7 Les fractions de bandes : $\frac{1}{2} ; \frac{2}{3} ; \frac{4}{5}$.

8 C'est un exercice délicat. Il faut rapporter les fractions de tablette à la tablette entière mais les carreaux de chocolat permettent deux écritures des fractions selon que l'on utilise les carreaux ou les barres comme parts. Lina a reçu $\frac{1}{2}$ tablette ou $\frac{2}{4}$ ou $\frac{6}{12}$ de tablette ; Morgan a reçu $\frac{3}{4}$ de tablette ou $\frac{9}{12}$ de tablette ; $\frac{2}{3}$ de tablette ou $\frac{8}{12}$ de tablette.

Séance 4

Évaluation formative

Exercices 9, 10 et 11

9 Cet exercice évalue l'écriture en chiffres de fractions écrites en lettres sans représentations dessinées.

10 Cet exercice évalue l'écriture en chiffres des fractions représentées par des parts coloriées d'une bande rectangulaire.

11 Il faut colorier $\frac{1}{4}$ du drapeau partagé en 4 parties et écrire la fraction correspondant à la partie non coloriée, c'est-à-dire $\frac{3}{4}$.

Séance 5

Consolidation

Remédiation : Exercice 12
On retrouve avec cet exercice le lien entre les fractions écrites en chiffres et leurs représentations schématisées.

Approfondissement : Exercice 13
Il faut analyser les bandes du drapeau pour remarquer que la partie bleue est constituée par deux bandes bleues. Le drapeau comporte donc six bandes égales. La fraction $\frac{2}{6}$ représente donc la partie bleue du drapeau, on peut aussi l'écrire $\frac{1}{3}$ mais cette écriture fait appel à une façon plus globale de considérer l'aire de la partie bleue, il est peu probable qu'elle apparaisse spontanément.

B4 Bilan de l'unité 4

Fichier pp. 50-51

Évaluation sommative

Énoncés	Réponses et commentaires
1 Abdul dispose de 32 images. Il prépare des pochettes de 5 images. **Combien de pochettes obtiendra-t-il ?**	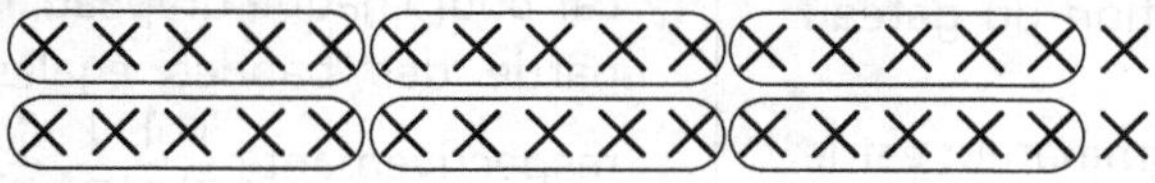 *Abdul obtiendra 6 pochettes de 5 images. Il restera 2 images.* **Remédiation :** Reprendre les manipulations avec les objets pour faire des paquets de 5.
2 Le club de foot a organisé un tournoi de sixte. Les 54 joueurs inscrits sont répartis par équipes de 6. **Combien d'équipes vont participer à ce tournoi ? Complète** la table de 6.	5 × 6 = 30 **6** × 6 = **36** **7** × 6 = **42** **8** × 6 = **48** **9** × 6 = **54** **10** × 6 = **60** 54 = 9 × 6 que l'on peut écrire 54 : 6 = 9 *9 équipes participeront au tournoi.* **Remédiation :** Utiliser les tables du fichier pour compléter correctement la table de 6.
3 **Mesure** la longueur d'un côté de ce carré, puis **calcule** son périmètre. 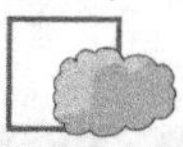	La longueur d'un côté de ce carré est de 3 cm. *Le périmètre de ce carré mesure : 4 × 3 cm = 12 cm.* **Remédiation :** Voir l'exercice 2 de la partie Consolidation pour le calcul du périmètre.
4 Les côtés d'un champ rectangulaire mesurent 35 m et 56 m. **Calcule** le périmètre de ce champ.	▪ 35 m + 56 m + 35 m + 56 m = 182 m. ▪ 35 m + 56 m = 91 m et 2 × 91 m = 182 m. *Le périmètre de ce champ est de 182 m.* **Remédiation :** Voir l'exercice 2 de la partie Consolidation pour le calcul du périmètre.
5 **Colorie** la partie représentée par la fraction.	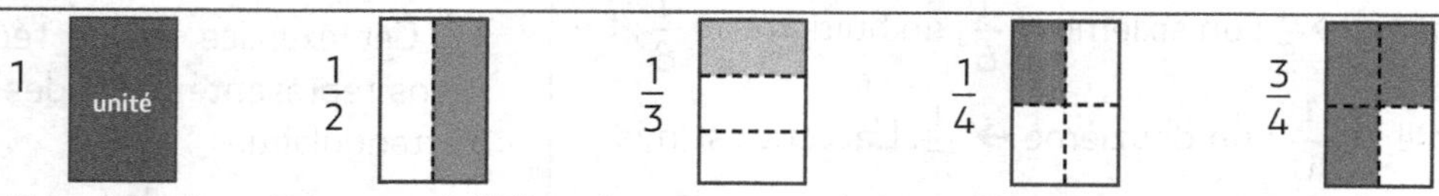 **Remédiation :** Proposer à l'élève de revenir sur la leçon 16 et en particulier de revoir les exercices 4, 5 et 6.

Consolidation

Énoncés	Réponses et commentaires
1 **Combien d'équipes l'entraîneur peut-il former ? Combien y aura-t-il d'arbitres ?**	L'entraîneur peut former 4 équipes de 5 joueurs. Il y aura 3 arbitres. On vérifie : 23 = 4 × 5 + 3 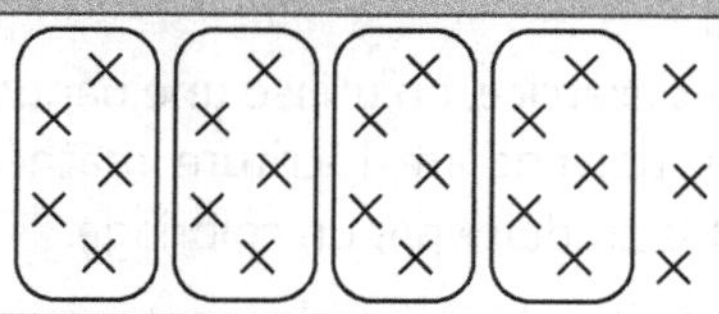
2 Le périmètre d'une figure est la longueur du contour de cette figure. Pour calculer le périmètre de ce rectangle :	▪ On **mesure** la longueur de deux côtés car les côtés opposés ont la même longueur : Grand côté → 3 cm ; Petit côté → 1 cm ▪ On **calcule** : 3 cm + 1 cm + 3 cm + 1 cm = 8 cm. Le périmètre de ce rectangle mesure 8 cm. 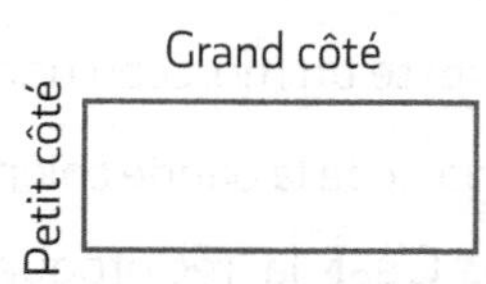
3 Le gâteau est l'unité. **Écris** la fraction de gâteau correspondant à la partie colorée. 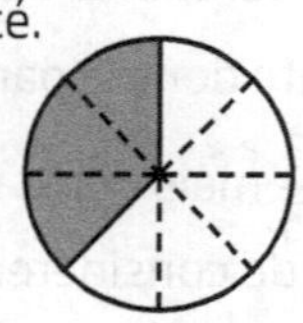	▪ On **cherche** le dénominateur (nombre du bas) : On **compte** le nombre total de parts égales dans le gâteau : 8 ▪ On **cherche** le numérateur (nombre du haut) : On **compte** le nombre de parts colorées dans le gâteau : 3 ▪ On **écrit** la fraction : $\frac{3}{8}$

17 Mesure de masses : le kg et ses sous-multiples

Fichier p. 52

Programme	**Mesures.** Mesure des masses (le kilogramme et ses sous-multiples).
Objectifs de l'apprentissage	Utiliser les unités de masse (kg et sous-multiples du kg). Convertir les mesures de masses et les comparer. Connaître les relations entre ces unités.
Remarques préalables	Cette 1re leçon sur les mesures de masses porte sur le kilogramme et ses sous-multiples : l'hectogramme, le décagramme et le gramme. Le tableau de conversion sera utilisé en 4e année. **Difficultés de la leçon** – Conversions ascendantes. – Unités peu utilisées dans la vie courante des élèves (hectogramme, décagramme). **Aide** – L'élève doit connaître par cœur les relations : 1 kg = 10 hg = 100 dag = 1 000 g. – Procéder par étapes pour convertir, par exemple : 1 hg 50 g = 100 g + 50 g = 150 g.

Calcul mental : Dictée de nombres 4 chiffres

Séance 1 (sur ardoise)
Dire : « 3 256 » ; l'élève écrit 3 256.

Séance 2 (sur fichier)
➜ *Dire : « 2 807 » ; l'élève écrit 2 807.*
***Items :** « 2 807 » ; « 3 572 » ; « 4090 » ; « 5 180 » ; « 8 070 »..*

Séance 1

Activités collectives de construction du concept

Activité 1 : Estimer une masse

- Afficher au tableau :

1 kg = 1 000 g ; 1 hg = 100 g ; 1 dag = 10 g ;
1 kg = 10 hg = 100 dag = 1 000 g

- Proposer deux mesures pour exprimer la masse d'un objet ou d'un animal : l'une en kg, l'autre en g, en hg ou dag. Les élèves choisissent et justifient leurs réponses. Par exemple : paquet de sucre : 1 kg /1 g ; un moineau : 4 dag / 4 kg ; plaquette de beurre : 250 g / 250 hg ; etc.

Activité 2 : Plus léger qu'un kilogramme ?

Proposer une mesure de masse. Si celle-ci est inférieure à 1 kg, l'élève lève le doigt : 900 g ; 120 dag ; 14 hg ; 70 dag ; 5 hg ; 3 100 g ; etc.

Activité 3 : Exercice 1 du fichier

L'élève doit convertir en g la masse de trois oiseaux afin de pouvoir comparer leurs masses.
Merle : 1 hg = 100 g
Grive : 6 dag 8 g = 60 g + 8 g = 68 g
100 g > 68 g > 16 g

Activités individuelles de mathématisation

Exercices 2 et 3

2 La première ligne traite des conversions descendantes et la deuxième des conversions ascendantes (plus difficiles).

- 1 hg 50 g = 150 g ; 1 hg 7 g = 107 g ; 2 dag 6 g = 26 g
- 200 g = 2 hg ; 30 g = 3 dag ; 2 000 g = 2 kg

3 C'est un exercice difficile car les conversions ne sont pas précisées. Il faut d'abord convertir toutes ces mesures en grammes avant de pouvoir les comparer.
Mohamed : 120 g ; Ibrahim : 90 g ; Amir : 108 g.
90 g < 108 g < 120 g

Séance 2

Évaluation formative

Exercices 4 et 5

Cette évaluation propose un exercice de conversion et un problème de comparaison nécessitant des conversions.

4 3 dag = 30 g ; 2 hg = 200 g ; 3 kg = 3 000 g

5 30 dag 30 g = 330 g ; 8 hg = 800 g ;
1 kg 100 g = 1 100 g ; 1 100 g > 800 g > 330 g

Consolidation

Remédiation : Exercice 6

Laisser la possibilité d'écrire, si nécessaire, les conversions sur l'ardoise.
500 g + 500 g + 100 g = 1 100 g ; 1 100 g = 1 kg 100 g
Ce paquet pèse plus de 1 kg.

Approfondissement : Exercice 7

L'élève doit entourer les masses supérieures à 1 hg.
Laisser la possibilité d'écrire, si nécessaire, les conversions sur l'ardoise avant d'entourer : 1 kg ; 120 g ; 15 dag.

18 Résoudre des problèmes en utilisant tableaux, graphiques

Fichier p. 53

Programme	**Organisation et traitement des données.**
Objectifs de l'apprentissage	Résoudre des problèmes simples en lisant et en interprétant des données tirées d'un tableau ou d'un graphique à colonnes.
Remarques préalables	Les tableaux sont un bon moyen d'organiser et d'utiliser des données quand leur nombre est important. Les graphiques permettent de percevoir rapidement les variations d'un paramètre ou d'une donnée. Déterminer la plus grande valeur ou les deux valeurs les plus basses sur un intervalle donné sont des questions auxquelles il est facile de répondre quand on sait lire un graphique. Dans un premier temps, nous proposons l'étude des graphiques « en colonnes », plus simples à comprendre pour les élèves que l'étude des graphiques en « courbe » dits linéaires qui seront étudiés plus tard. **Difficultés de la leçon** – Savoir organiser les données au moment de renseigner le tableau en utilisant correctement les deux entrées. – Savoir interpréter les graduations et les grandeurs figurant sur les axes d'un graphique. **Aide** Aide ponctuelle pour chacun des graphiques. Repérer la valeur d'une « petite graduation » à partir du nombre de graduations entre 2 graduations connues.

Calcul mental : Additionner des dizaines entières à un nombre de deux chiffres

Séance 1 (sur ardoise)
Écrire 23 + 30 ; l'élève écrit 53.

Séance 2 (sur fichier)
➔ *Dire : « 50 + 14 » ; l'élève écrit 64.*
Items : *« 50 + 14 » ; « 12 + 20 » ; « 40 + 25 » ; « 37 + 20 » ; « 52 + 30 ».*

Séance 1

Activités collectives de construction du concept

Activité 1 : Exercice 1 du fichier

Les élèves doivent compléter une facture. Il s'agit de compléter un tableau en utilisant certaines données déjà renseignées d'un énoncé. La complexité de l'exercice vient de ce qu'il faut renseigner un tableau de nombres en utilisant les données d'un énoncé et en cherchant s'il s'agit d'une situation additive, soustractive, multiplicative ou de partage.
Vérifier si la lecture du tableau est comprise par tous puis laisser les élèves travailler individuellement. Lors de la correction collective demander d'expliciter les démarches.
Raquettes : 6 × 40 Dh = 240 Dh
Lot de balles : 30 Dh : 6 Dh = 5
Le prix de la table est un problème à 2 étapes. Il faut d'abord ajouter le prix des raquettes et celui des balles et enlever ce prix à celui du prix total.
Prix des raquettes plus celui des balles :
240 Dh + 30 Dh = 270 Dh
Prix de la table : 3 770 Dh – 270 Dh = 3 500 Dh

Activités individuelles de mathématisation

Exercice 2

Chaque élève analyse le graphique, il fait appel aux notions étudiées en leçon 10 pour lire et interpréter les données.
Demander de trouver la valeur d'un interligne.
Quand le fonctionnement du graphique est acquis, la réponse à la 1re question ne demande qu'une simple lecture du graphique : 20 élèves font du théâtre. Pour la musique, il faut compter les graduations au-dessus de 10. Chaque graduation indique 1 élève de plus : 14 élèves font de la musique.
S'assurer que tous ont compris avant de passer à la suite.
Calcule la différence entre les nombres d'élèves inscrits en chant et ceux inscrits en dessin.
Cette consigne demande plus de réflexion car la réponse n'est pas donnée par une lecture immédiate. Il faut d'abord trouver le nombre d'élèves qui pratiquent le chant et ceux qui pratiquent le dessin, avant de calculer la différence.
24 – 16 = 8
La différence entre les nombres d'élèves inscrits en chant et ceux inscrits en dessin est de 8 élèves.
« Les élèves inscrits en sport ou en chant ne pratiquent qu'une seule activité. ***Combien sont-ils en tout ?*** *»*
La réponse à cette question n'est pas donnée non plus par une lecture immédiate. Il faut d'abord trouver le nombre d'élèves qui pratiquent le sport et ceux qui pratiquent le chant, avant de calculer leur somme.
27 + 24 = 51
Il y a 51 élèves inscrits en sport ou en chant qui ne pratiquent qu'une seule activité.
La correction est collective.

Séance 2

Évaluation formative

Exercice 3

Les élèves doivent compléter un tableau.
Vérifier si la lecture du tableau est comprise par tous. Revoir, s'il le faut, les notions étudiées dans l'exercice 1, puis laisser les élèves travailler individuellement.
Lors de la correction collective, demander d'expliciter les démarches.

	Lundi	Mardi	Jeudi	Vendredi	Total
CE1	27	29	30	29	**115**
CE2	30	**49**	31	**31**	**141**
Total	**57**	78	**61**	60	**256**

Consolidation

Remédiation : Exercice 4

Cet exercice de remédiation s'appuie sur une situation comparable à celle de l'exercice 2. Il faut trouver l'écart entre les élèves qui pratiquent la musique et ceux qui font du théâtre. Il faut d'abord repérer sur le graphique de l'exercice 2 les élèves qui font de la musique (14) puis ceux qui font du théâtre (20) et effectuer la soustraction 20 – 14 = 6.
Il manque 6 élèves en musique pour qu'il y en ait autant qu'en théâtre.

Approfondissement : Exercice 5

Cet exercice s'appuie sur une situation comparable à celle de l'exercice 3. Il fait intervenir une donnée extérieure au tableau (115) : le nombre total d'élèves de l'école.
115 – 78 = 37.
Mardi, 37 élèves n'ont pas mangé à l'école.

19 Les fractions : comparaison et rangement

Fichier p. 54

Programme	**Les fractions.** Comparaison et rangement.
Objectifs de l'apprentissage	Comparer et ranger des fractions de même dénominateur. Reconnaître des fractions équivalentes.
Remarques préalables	Dans la leçon 16, les élèves ont découvert le concept de fraction en distinguant numérateur et dénominateur. Il est important qu'ils comprennent que le dénominateur indique en combien de parts l'unité a été partagée, alors que le numérateur indique le nombre de parts choisies. Lorsqu'on veut comparer des fractions, il faut d'abord prendre en compte la taille des parts que l'on compare. Dans cette leçon, nous ne comparons et rangeons que des fractions de même dénominateur. Il est important d'insister sur ce point auprès des élèves : la comparaison des fractions n'est possible que lorsque les dénominateurs sont identiques. Lorsqu'ils devront ultérieurement comparer des fractions de dénominateurs différents, leur premier travail sera de les écrire avec le même dénominateur en utilisant des fractions équivalentes. **Difficultés de la leçon** – Savoir dissocier les informations qu'apporte le dénominateur de celles qu'apporte le numérateur d'une fraction. – Comprendre le concept de fractions équivalentes. **Aide** Prendre appui sur des représentations schématiques à partir de la même unité afin d'associer la comparaison des fractions à la comparaison de longueurs.

Calcul mental : Soustraire des dizaines entières à un nombre de deux chiffres

Séance 1 (sur ardoise)
Dire : « 34 – 20 » ; l'élève écrit 14.

Séance 2 (sur fichier)
→ *Dire : « 56 – 30 » ; l'élève écrit 26.*
Items : *« 56 – 30 » ; « 65 – 40 » ; « 27 – 10 » ; « 41 – 20 » ; « 78 – 50 ».*

Séance 1

Activités collectives de construction du concept

Activité 1 : Comparer des fractions en comparant des longueurs de bandes

Organisation : Groupes de 2 élèves.

Matériel : Bandes unités partagées en 5 parts égales (*cf.* matériel photocopiable p. 79 du guide), une paire de ciseaux.

Distribuer le matériel à chaque groupe et écrire une série de quatre fractions au tableau : $\frac{3}{5}$; $\frac{2}{5}$; $\frac{4}{5}$; $\frac{5}{5}$.

Manipuler

Demander aux élèves de colorier sur quatre bandes différentes la portion d'unité correspondant à chacune des fractions, d'écrire la fraction au dos de la partie coloriée puis de découper les parties coloriées afin de les ranger de la plus petite à la plus grande.

Débattre

S'assurer que tous les coloriages et tous les rangements de longueurs sont corrects.

Demander s'il serait possible de ranger ces quatre fractions sans avoir recours au coloriage et au découpage. Conditionner la comparaison des numérateurs à l'identité des dénominateurs.

Activité 2 : Exercices 1 et 2 du fichier

1 Dans cet exercice, les élèves retrouvent la même démarche que dans l'activité 1. Il est possible de ranger ces quatre fractions soit en comparant la partie coloriée, soit en s'intéressant à la comparaison des numérateurs (même dénominateur).

$\frac{4}{4} > \frac{3}{4} > \frac{2}{4} > \frac{1}{4}$

Ils découvrent une fraction supérieure à l'unité avec la fraction $\frac{5}{4}$. Insister sur le fait que l'unité $\frac{4}{4}$ est égale à 1.

La distinction entre les fractions plus petites que 1 et celles plus grandes que 1 amène à comparer le numérateur au dénominateur de chaque fraction.

2 Les élèves découvrent que $\frac{2}{4}$ et $\frac{1}{2}$ sont deux fractions associées à la même longueur de bande, on convient qu'il est possible d'écrire $\frac{1}{2} = \frac{2}{4}$. Ces fractions sont dites équivalentes.

Activités individuelles de mathématisation

Exercices 3 et 4

3 Les élèves réinvestissent ce qu'ils ont découvert dans la séance 1, ils rangent par ordre croissant quatre fractions de dénominateur 5, sans avoir recours à leur représentation schématique, puis entourent celles qui sont plus petites que 1. Insister sur le fait que $\frac{5}{5} = 1$.

4 Les élèves doivent colorier la partie correspondant à $\frac{4}{10}$ sur une bande unité découpée en 10 parts égales, puis colorier une longueur identique sur une bande unité découpée en 5 parts identiques. Cela fait apparaître deux fractions équivalentes : $\frac{4}{10} = \frac{2}{5}$.

Séance 2

Évaluation formative

Exercices 5 et 6

5 Les élèves doivent ranger quatre fractions de dénominateur 8 par ordre décroissant, puis ils entourent les deux fractions plus grandes que 1, c'est-à-dire supérieures à $\frac{8}{8}$.

$\frac{12}{8} > \frac{9}{8} > \frac{7}{8} > \frac{5}{8}$

6 Cet exercice reprend la démarche de l'exercice 4. Les élèves colorient la zone correspondant à $\frac{4}{6}$ sur une bande unité partagée en 6 parts égales, puis ils doivent colorier une bande de même longueur sur une bande unité partagée en 3 parts égales, ce qui fait apparaître deux fractions équivalentes : $\frac{4}{6} = \frac{2}{3}$.

Consolidation

Remédiation : Exercice 7

Cet exercice de remédiation s'appuie sur une situation comparable à celle de l'exercice 1. Les élèves doivent colorier sur deux bandes unités partagées en 5 parts égales les fractions $\frac{4}{5}$ et $\frac{2}{5}$ avant d'entourer la plus grande.

Approfondissement : Exercice 8

Les élèves doivent se prononcer sur la comparaison de la fraction $\frac{9}{4}$ avec le chiffre 2 avant de confirmer leur choix en coloriant les zones correspondant à $\frac{9}{4}$ et en plaçant le chiffre 2 sur une bande graduée en quarts.

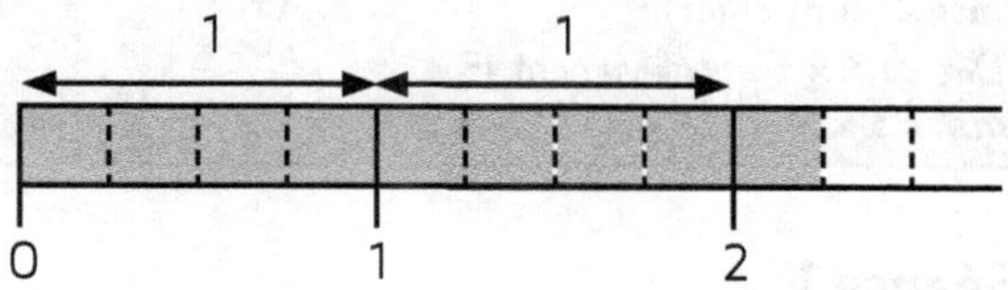

20 Les polyèdres et leurs propriétés

Fichier p. 55

Programme	**Géométrie.** Les polyèdres et leurs propriétés.
Objectifs de l'apprentissage	Reconnaître certaines propriétés des solides usuels. Classer les polyèdres usuels et les comparer.
Remarques préalables	Toutes les propriétés des solides usuels abordées dans cette leçon : distinction entre polyèdres et non polyèdres ; nombre de faces, forme des faces des polyèdres, ne peuvent être valablement étudiées qu'à partir de solides réels. Les illustrations ne permettant pas d'appréhender l'ensemble de la réalité des solides. Il est donc conseillé de se munir de solides réels, éventuellement tirés d'emballages du commerce rendus anonymes par une couche de peinture ou par une couche de papier adhésif afin que les formes étudiées ne soient pas parasitées par les inscriptions commerciales des emballages. Cela permet aux élèves d'observer et de manipuler de vrais solides et de rendre leur rôle aux illustrations : illustrer la réalité sans la remplacer. Il faut aussi préciser que le vocabulaire usuel : faces, arêtes sommets, ne s'applique qu'aux seuls polyèdres. **Difficulté de la leçon** Parvenir à imaginer des solides réels au-delà des illustrations. **Aide** Proposer aux élèves de manipuler des solides réels.

Calcul mental : Multiplier par 2, par 5, par 10

Séance 1 (sur ardoise)
Dire : « 4 × 10 » ; l'élève écrit 40.

Séance 2 (sur fichier)
➜ *Dire : « 3 × 5 » ; l'élève écrit 15.*
***Items :** « 3 × 5 » ; « 7 × 2 » ; « 6 × 5 » ; « 9 × 2 » ; « 9 × 10 ».*

Séance 1

Activités collectives de construction du concept

Activité 1 : Classer des solides

Organisation : Groupes de 3 élèves.
Matériel : Sur le bureau de l'enseignant, exposer une collection d'emballages commerciaux préparés à l'avance ayant la forme d'un cylindre, d'un cube ou d'un parallélépipède, ainsi qu'un ballon et une balle pour représenter la sphère. Il est souhaitable que chaque forme de solide apparaisse au moins deux fois avec des tailles différentes. Attribuer une lettre à chaque solide.

Manipuler
- Demander aux élèves de partager cette collection en deux familles distinctes. Pour cela, proposer à chaque groupe de venir observer et manipuler cette collection de solides.
- Demander à chaque groupe d'indiquer les lettres des solides qu'il a rangés dans la première famille.

Débattre
- Soulever les points de désaccord et demander aux élèves de justifier leur choix.

On peut distinguer la famille des polyèdres (cube et parallélépipède) par le fait que toutes leurs « parties » sont plates (ou planes) et que leur contour est formé de segments de droite.

On peut distinguer la famille des non-polyèdres en faisant remarquer qu'ils possèdent des parties arrondies. Dire qu'ils peuvent rouler ne semble pas assez précis comme caractère distinctif car un dé, qui a une forme proche du cube, est aussi capable de rouler.
- Préciser le nom de chaque solide en soulignant que plusieurs solides peuvent avoir le **même nom** et des tailles différentes.

Activité 2 : Exercices 1 et 2 du fichier

1 Les élèves reconnaissent les solides précédents sur l'illustration et écrivent leur nom dans l'ordre suivant : parallélépipède ; sphère ; cylindre ; cube.
Ils précisent que les polyèdres sont les solides A et D.

2 Les élèves doivent cocher la case « vrai » ou « faux » pour chacune des trois affirmations proposées. La première et la troisième sont vraies, la deuxième est fausse. Ceci permet de préciser que les faces opposées d'un parallélépipède sont superposables mais que les faces non opposées ne sont généralement pas superposables, elles sont rectangulaires, deux d'entre elles pouvant éventuellement être carrées.

Séance 2

Activités individuelles de mathématisation

Exercices 3 et 4

3 Dans l'idéal, il serait pertinent que chaque groupe puisse construire son propre squelette de cube en utilisant des baguettes et des boules de pâtes à modeler. Les élèves pourraient associer concrètement chaque baguette à une arête du cube et chaque boule de pâte à modeler à un sommet du cube. Ils complètent la phrase : *Un cube possède 8 sommets, 12 arêtes et 6 faces.*

4 Les élèves doivent cocher les cases « vrai » ou « faux » pour chacune des deux propositions. La première est vraie et reprend les remarques faites à l'issue de l'exercice 2, la deuxième est fausse, mais mériterait d'être vérifiée sur un solide réel.

Évaluation formative

Exercices 5 et 6

5 Dans cet exercice, les élèves doivent entourer en bleu le cube, en vert le parallélépipède, mais aussi en rouge les autres polyèdres c'est-à-dire le prisme gris et la pyramide jaune.
Les élèves ne doivent pas se laisser impressionner par la couleur des solides. Cet exercice permet de s'assurer de la bonne compréhension de la notion de polyèdre.

6 Les élèves doivent indiquer le nombre de faces (6), de sommets (8) et d'arêtes (12) d'un parallélépipède. La possibilité de manipuler un solide réel facilite le dénombrement de chaque catégorie car l'illustration de l'exercice 5 masque certaines parties du solide.

Consolidation

Remédiation : Exercice 7

Cet exercice a pour but de clarifier la notion de polyèdre et de non-polyèdre. Les élèves doivent cocher les affirmations vraies. Seule la troisième est vraie car le cylindre et la sphère ne sont pas des polyèdres. Le recours à des solides réels est évidemment souhaitable.

Approfondissement : Exercice 8

Les élèves doivent dénombrer les parallélépipèdes, les cylindres et les cubes contenus dans un assemblage hétéroclite d'objets issus d'un jeu de construction. Cet exercice est délicat car il demande un bon sens de l'observation et la capacité à reconnaître chaque catégorie de solide à partir d'une illustration.
L'assemblage comporte 2 parallélépipèdes, 3 cylindres et 3 cubes.

21 Les fractions : addition

Fichier p. 56

Programme	**Les fractions.** Addition des nombres fractionnaires (fractions).
Objectifs de l'apprentissage	Calculer la somme de fractions de même dénominateur. Résoudre des situations problèmes utilisant l'addition de fractions de même dénominateur.
Remarques préalables	Pour comparer ou pour additionner deux mesures de grandeur, il faut commencer par les exprimer dans la même unité. Il en est de même pour les fractions, les dénominateurs jouant le rôle de l'unité de mesure. La comparaison et l'addition des fractions n'est en effet possible, qu'entre fractions de même dénominateur. **Difficultés de la leçon** Comprendre que lorsque les dénominateurs sont identiques, ils n'interviennent plus dans le calcul de la somme de deux fractions, seuls les numérateurs sont concernés. **Aide** Prendre appui sur des représentations schématiques à partir de la même unité afin d'associer la somme des fractions à la somme de longueurs.

Calcul mental : Multiplier par 3, par 4

Séance 1 (sur ardoise)
Dire : « 4 × 3 » ; l'élève écrit 12.

Séance 2 (sur fichier)
→ *Dire : « 6 × 4 » ; l'élève écrit 24.*
Items *: « 6 × 4 » ; « 5 × 3 » ; « 8 × 3 » ; « 7 × 4 » ; « 8 × 4 ».*

Séance 1

Activités collectives de construction du concept

Activité 1 : Additionner des fractions en additionnant des longueurs de bandes
Organisation : Groupes de 2 élèves.
Matériel : Bandes unités partagées en 5 parts égales (*cf.* matériel photocopiable p. 79 du guide), une paire de ciseaux.

Distribuer le matériel à chaque groupe et écrire une série d'additions de fractions au tableau :
$\frac{1}{5}+\frac{2}{5}$; $\frac{3}{5}+\frac{2}{5}$; $\frac{2}{5}+\frac{4}{5}$; $\frac{3}{5}+\frac{4}{5}$.

Manipuler
Demander aux élèves de découper chacune des quatre fractions ($\frac{1}{5}$; $\frac{2}{5}$; $\frac{3}{5}$; $\frac{4}{5}$) intervenant dans ces calculs dans une des bandes unité, puis d'exprimer leur somme sous forme de fraction en additionnant les longueurs des bandes qu'ils ont découpées et en les comparant à une bande unité entière.

Débattre
Traiter chacune des additions une par une : $\frac{1}{5}+\frac{2}{5}=\frac{3}{5}$.

La comparaison à une bande unité permet de voir que cette somme est inférieure à 1.

$\frac{3}{5}+\frac{2}{5}=\frac{5}{5}=1$. On obtient la même longueur que celle d'une bande unité.
$\frac{2}{5}+\frac{4}{5}=\frac{6}{5}$ et $\frac{3}{5}+\frac{4}{5}=\frac{7}{5}$. Dans les deux cas, on dépasse la longueur d'une bande unité.
On constate que, dans chaque cas, il a suffi d'additionner les numérateurs car les « morceaux » avaient tous la même taille (même dénominateur).

Activité 2 : Exercices 1, 2 et 3 du fichier

1 Dans cet exercice, les élèves additionnent des fractions unitaires (des quarts) en s'appuyant sur des schémas. Chaque fraction est la somme d'autant de fractions unitaires que l'indique son numérateur, ce qui donne tout son sens au numérateur.
La bande verte mesure $\frac{1}{4}+\frac{1}{4}+\frac{1}{4}=\frac{3}{4}$ de la bande jaune.
La bande bleue mesure $\frac{1}{4}+\frac{1}{4}+\frac{1}{4}+\frac{1}{4}+\frac{1}{4}=\frac{5}{4}$ de la bande jaune.
Ils voient aussi que lorsque le nombre de fractions unitaires est égal au dénominateur la somme est égale à l'unité.

2 Les élèves peuvent s'aider d'un schéma pour calculer la somme de deux fractions de dénominateur 6 :
$\frac{3}{6}+\frac{2}{6}=\frac{5}{6}$.

3 Dans cet exercice, les deux calculs de somme de deux fractions de même dénominateur s'effectuent sans appui schématique, ce qui sous-entend que les élèves ont intégré la règle : pour additionner deux fractions de même dénominateur, on additionne leurs numérateurs et on conserve le dénominateur.

$\frac{2}{5}+\frac{4}{5}=\frac{6}{5}$ et $\frac{3}{8}+\frac{6}{8}=\frac{9}{8}$

Activités individuelles de mathématisation

Exercices 4, 5 et 6

Les élèves réinvestissent ce qu'ils ont découvert dans les exercices précédents.

4 Pour compléter les égalités, les élèves peuvent s'aider du schéma.

$\frac{1}{5}+\frac{1}{5}+\frac{1}{5}=\frac{3}{5}$ et $\frac{1}{5}+\frac{1}{5}+\frac{1}{5}+\frac{1}{5}+\frac{1}{5}=\frac{5}{5}=1$

5 Les schémas ont disparu, c'est la règle qui permet d'écrire que :

$\frac{2}{6}+\frac{1}{6}=\frac{3}{6}$; $\frac{4}{8}+\frac{5}{8}=\frac{9}{8}$; $\frac{3}{5}+\frac{2}{5}=\frac{5}{5}=1$

6 Il s'agit d'un problème faisant intervenir le découpage d'un gâteau en 6 parts égales. Les élèves doivent utiliser la somme de fractions pour modéliser la situation, ce qui permet de renforcer le sens du concept de fraction. Mélissa a distribué $\frac{4}{6}$ du gâteau.

Séance 2

Évaluation formative

Exercices 7 et 8

7 Les élèves doivent effectuer trois additions de deux fractions de même dénominateur :

$\frac{2}{8}+\frac{6}{8}=\frac{8}{8}=1$; $\frac{5}{6}+\frac{3}{6}=\frac{8}{6}$; $\frac{3}{4}+\frac{1}{4}=\frac{4}{4}=1$

8 La modélisation de ce problème demande une bonne compréhension du concept de fraction : si chacun des 3 matelots prend $\frac{1}{5}$ du trésor et si le capitaine prend $\frac{2}{5}$ du trésor, $\frac{3}{5}+\frac{2}{5}=\frac{5}{5}$ du trésor a été distribué, soit la totalité du trésor. Toutes les pièces du trésor ont donc été partagées.

Les élèves risquent d'être gênés par le fait de ne pas savoir combien de pièces contient le trésor, le concept de fraction permet de résoudre ce problème sans connaître cette information.

Consolidation

Remédiation : Exercice 9

Un schéma aide à calculer la somme $\frac{2}{6}+\frac{4}{6}=\frac{6}{6}=1$.

Approfondissement : Exercice 10

Les élèves doivent exprimer sous forme de fraction la somme $1+\frac{1}{4}=\frac{5}{4}$, ils peuvent s'aider d'un schéma ou remplacer directement 1 par $\frac{4}{4}$.

Le deuxième calcul est une addition à trou : les élèves doivent trouver la valeur du troisième terme de la somme : $\frac{2}{4}$.

22 Mesure de masses : le kg et la tonne

Fichier p. 57

Programme	**Mesures.** Mesure des masses (le kilogramme et ses multiples).
Objectifs de l'apprentissage	Utiliser les unités de masse (multiples du kg). Convertir les mesures de masses et les comparer. Connaître la relation entre ces unités.
Remarques préalables	C'est la deuxième leçon sur les mesures de masses. La leçon 17 portant sur le kilogramme et ses sous multiples. Cette leçon porte sur le kilogramme et son multiple : la tonne. Le quintal sera abordé en 4e année. **Difficulté de la leçon** Conversions ascendantes. **Aide** L'élève doit connaître par cœur la relation : 1 t = 1 000 kg. Procéder par étape, par exemple : 1 t 50 kg = 1 t + 50 kg = 1000 kg + 50 kg = 1 050 kg.

Calcul mental : Additions de deux nombres de deux chiffres (somme des unités inférieure à 10)

Séance 1 (sur ardoise)
Écrire 25 + 32 ; l'élève écrit 57.

Séance 2 (sur fichier)
→ *Dire : « 23 + 16 » ; l'élève écrit 39.*
***Items :** « 23 + 16 » ; « 12 + 23 » ; « 21 + 15 » ; « 36 + 22 » ; « 52 + 34 ».*

Séance 1

Activités collectives de construction du concept

Activité 1 : Estimer une masse
Afficher au tableau : 1 t = 1 000 kg
Proposer deux mesures pour exprimer la masse d'un objet ou d'un animal : l'une en kilogramme, l'autre en tonne. Les élèves choisissent et justifient leurs réponses.
Camion : 5 t / 5 kg ; homme : 75 t / 75 kg, etc.

Activité 2 : Plus lourd qu'une tonne ?
Proposer une mesure de masse. Si celle-ci est supérieure à 1 tonne, l'élève lève le doigt.
900 kg ; 1 200 kg ; 1 t 500 kg ; 700 kg ; 5 000 kg ; 3 430 kg etc.

Activité 3 : Exercice 1 du fichier
L'élève doit convertir en kg la masse du requin blanc et celle de l'orque afin de pouvoir comparer les masses des 3 animaux marins.
1 t 100 kg = 1 000 kg + 100 kg = 1 100 kg ; 4 t = 4 000 kg
4 000 kg > 1 100 kg > 400 kg

Activités individuelles de mathématisation

Exercices 2, 3 et 4
2 La première ligne propose des conversions descendantes et la deuxième des conversions ascendantes (plus difficile).
- 3 t = 3 000 kg ;
1 t 500 kg = 1 000 kg + 500 kg = 1 500 kg ;
1 t 90 kg = 1 000 kg + 90 kg = 1 090 kg
- 2 000 kg = 2 t ;
3 500 kg = 3 000 kg + 500 kg = 3 t 500 kg ;
1 050 kg = 1 000 kg + 50 kg = 1 t 50 kg

3 Cet exercice est difficile car les conversions ne sont pas précisées. Il faut d'abord convertir toutes ces mesures en kg avant de pouvoir les comparer.
1 t 950 kg < 2 t < 2 320 kg

4 Ce problème nécessite une conversion puis une comparaison. 5 t = 5 000 kg ; 4 600 kg < 5 000 kg.
Le camion peut passer sur le pont.

Séance 2

Évaluation formative

Exercices 5 et 6
Cette évaluation propose un exercice de conversion et un problème de comparaison nécessitant des conversions.

5 5 t = 5 000 kg ; 2 t 800 kg = 2 800 kg ;
1 600 kg = 1 t 600 kg

6 1 t 700 kg = 1 700 kg ; 5 t 400 kg = 5 400 kg
5 400 kg > 1 700 kg > 1 400 kg
Le rhinocéros noir est le plus léger et l'éléphant d'Asie le plus lourd des 3 animaux.

Consolidation

Remédiation : Exercice 7
L'élève doit placer le signe < ou le signe > entre deux mesures de masse. Lui laisser la possibilité d'écrire, si nécessaire, les conversions sur son ardoise.
3 t > 2 000 kg ; 1 500 kg < 2 t
2 t 5 00 kg < 3 t 100 kg ; 3 800 kg > 2 t 900 kg

Approfondissement : Exercice 8
Laisser la possibilité à l'élève d'écrire, si nécessaire, les conversions sur son ardoise.

1 900 kg (3 000 kg)
(2 t 700 kg) 2 t 70 kg

Certains élèves vont entourer 2 t 70 kg.
Leur montrer que 2 t 70 kg = 2 070 kg et non 2 700 kg.

23 Les triangles : classement et construction

Fichier p. 53

Programme	**Géométrie.** Les triangles : classement et construction.
Objectifs de l'apprentissage	Reconnaître les différents triangles et les classer. Décrire leurs caractéristiques. Tracer des triangles dont les côtés sont connus.
Remarques préalables	Le triangle est la seule figure géométrique dont la forme peut être définie par la longueur de ses trois côtés. Tous les polygones peuvent se décomposer en triangles, cela permet d'en calculer l'aire ou d'en reproduire fidèlement la forme sans aucune indication angulaire. La construction de triangles au compas à partir des longueurs de leurs trois côtés est une technique qui semble trop complexe pour des élèves de troisième année, nous nous limiterons donc à la construction de triangles rectangles à partir de la longueur des côtés de leur angle droit. Le cas des triangles rectangles et isocèles a été réservé à l'exercice d'approfondissement. **Difficulté de la leçon** Identifier les propriétés géométriques qui permettent de distinguer les différents triangles particuliers. **Aide** Associer à chaque propriété un instrument géométrique qui permet de la vérifier : le compas ou une bande de carton permettant de marquer des repères pour les égalités de longueurs, l'équerre pour les angles droits.

Calcul mental : Multiplier par 6, par 7.

Séance 1 (sur ardoise)
Dire : « 3 × 7 » ; l'élève écrit 21.

Séance 2 (sur fichier)
➜ *Dire : « 4 × 6 » ; l'élève écrit 24.*
***Items :** « 4 × 6 » ; « 5 × 7 » ; « 6 × 7 » ; « 8 × 6 » ; « 9 × 7 ».*

Séance 1

Activités collectives de construction du concept

Activité 1 : Exercice 1 du fichier

Les différents triangles sont représentés et on a codé de façon conventionnelle les égalité de longueurs et les angles droits qui les caractérisent.
Expliciter ces codages et les associer au nom de chaque catégorie de triangles particuliers.
Faire rappeler quels instruments de géométrie permettent de vérifier les égalités de longueurs puis les angles droits avant de demander aux élèves de chercher de façon méthodique en quelle couleur doit être colorié chaque triangle. Chercher le triangle rectangle à l'aide d'une équerre, le triangle isocèle à l'aide d'un compas ou d'une bande de carton, le triangle équilatéral avec les mêmes instruments. Par élimination, en déduire quel est le triangle quelconque. On peut vérifier qu'il n'est ni rectangle, ni isocèle, ni équilatéral à l'aide des instruments de géométrie.

Activités individuelles de mathématisation

Exercices 2 et 3

2 Les élèves doivent associer le nom de triangle isocèle à la propriété d'avoir deux côtés de même longueur, puis utiliser le compas ou la bande de papier pour comparer les longueurs des côtés de ces triangles. Ils repassent en bleu les côtés du triangle isocèle : celui du milieu.

3 Les élèves doivent tracer un triangle rectangle dont les côtés de l'angle droit mesurent 2 cm et 6 cm.
Ils doivent commencer par construire un angle droit à partir de son sommet et de son premier côté, puis l'espace disponible commande de tracer le côté de 2 cm à la verticale et le côté de 6 cm à l'horizontale.

Séance 2

Évaluation formative

Exercices 4 et 5

4 Les élèves doivent identifier un triangle équilatéral parmi les trois triangles proposés afin de le colorier. Pour cela, ils vont réinvestir les techniques utilisées dans les exercices 1 et 2.

5 Les élèves doivent construire un triangle rectangle dont les côtés de l'angle droit ont des longueurs de 3 cm et 5 cm. Ils vont donc réinvestir la technique employée dans l'exercice 3.

Consolidation

Remédiation : Exercice 6
Pour obtenir deux triangles rectangles, l'élève doit tracer une des deux diagonales du rectangle.

Approfondissement : Exercice 7
Comme dans l'exercice 6, l'élève obtient deux triangles identiques en traçant une des deux diagonales du carré. Ces triangles possèdent un angle droit et deux côtés de même longueur. Ce sont donc des triangles rectangles isocèles, parfois appelés « demi-carrés ».

24 Mesure de longueurs : du km au mm

Fichier p. 59

Programme	**Mesures.** Mesure des longueurs (mètre, ses multiples et sous-multiples) km, m, dm, cm, mm.
Objectifs de l'apprentissage	Utiliser les unités de longueur (sous-multiples et multiples du mètre). Convertir les mesures de longueurs et les comparer. Reconnaître la relation entre ces unités.
Remarques préalables	Cette leçon est la deuxième sur les mesures de longueurs. Les élèves ont déjà vu et utilisé, en leçon 5, le m, le dm, le cm et le mm. Ils savent convertir entre elles les unités dm, cm et mm mais n'ont pas vu la relation entre m et mm car la numération s'arrêtait à 999 en première période. Les élèves disposant maintenant de la numération jusqu'à 9 999, cette leçon introduit le kilomètre et insiste sur les relations : 1 km = 1 000 m et 1 m = 1 000 mm. **Difficulté de la leçon** Conversions ascendantes de mesures complexes. **Aide** L'élève doit connaître par cœur les relations : 1 km = 1 000 m et 1 m = 1 000 mm. Procéder par étape, par exemple : 1 km 50 m = 1 km + 50 m = 1 000 m + 50 m = 1 050 m.

Calcul mental : Multiplier par 8, par 9

Séance 1 (sur ardoise)

➜ *Dire : « 3 × 8 » (tables de 8) ; l'élève écrit 24.*

Séance 2 (sur fichier)

➜ *Dire : « 4 × 8 » ; l'élève écrit 32.*

***Items :** « 4 × 8 » ; « 3 × 9 » ; « 5 × 8 » ; « 7 × 8 » ; « 8 × 9 ».*

Séance 1

Activités collectives de construction du concept

Activité 1 : Estimer une longueur

Afficher au tableau :

1 km = 1 000 m

1 m = 1 000 mm

Proposer deux mesures pour exprimer la mesure d'une longueur : l'une en km l'autre en m. Les élèves choisissent et justifient leurs réponses.

Longueur de la France : 1 000 km / 1 000 m ; distance entre deux villages : 4 km / 4 m ; largeur de la cour : 30 km / 30 m ; hauteur d'un immeuble 10 km / 10 m, longueur course cycliste 150 km / 150 m, etc.

Activité 2 : Plus grand qu'un kilomètre ?

Proposer une mesure de longueur. Si celle-ci est supérieure à 1 km, l'élève lève le doigt.

800 m ; 1 300 m ; 1 km 500 m ; 999 m ; 9 000 m ; 3 430 m, etc.

Activité 3 : Plus grand qu'un mètre ?

Proposer une mesure de longueur. Si celle-ci est supérieure à 1 m, l'élève lève le doigt.

800 cm ; 800 mm ; 1 m 50 cm ; 11 dm ; 3 000 mm ; 102 cm, etc.

Activité 4 : Exercices 1 et 2 du fichier

1 L'élève doit exprimer en m les trois distances indiquées sur le panneau pour pouvoir les comparer et les ordonner. L'égalité 1 km = 1 000 m est rappelée dans le surligné jaune.

2 km = 2 000 m

1 km 250 m = 1 000 m + 250 m = 1 250 m.

2 850 m > 2 000 m > 1 250 m

Le lieu le plus éloigné de Yanis est la piscine et le moins éloigné est le stade.

2 Cet exercice introduit la relation entre m et mm. Rappeler la bulle de Mathix de la leçon 5.

1 cm = 10 mm

1 dm = 10 cm = 100 mm

1 m = 10 dm = 100 cm

À partir de ces égalités, demander de compléter l'égalité : 1 m = ... mm.

Proposer ensuite de résoudre le problème de l'exercice 2. Il faut convertir 3 m en mm pour comparer cette hauteur à la hauteur du camping-car :

3 m = 3 000 mm > 2 800 m.

Le camping-car peut passer sous le pont.

Activités individuelles de mathématisation

Exercices 3 et 4

3 La première ligne propose des conversions entre m et km et la deuxième ligne des conversions entre le m et ses sous-multiples.

- 3 km 250 m = 3 250 m

1 km 90 m = 1 000 m + 90 m = 1 090 m

9 km = 9 000 m

- 2 m = 2 000 mm

1 m 5 cm = 1 000 mm + 50 mm = 1 050 mm

10 dm = 1 000 mm

4 Exercice aidé car les conversions sont précisées. Il faut d'abord convertir toutes ces mesures en m avant de pouvoir les ranger par ordre décroissant.
5 km > 4 km 500 m > 3 800 m

Séance 2

Évaluation formative

Exercices 5 et 6
Cette évaluation propose un exercice de conversion et un exercice de rangement nécessitant des conversions.

5 3 km = 3 000 m ; 2 km 300 m = 2 300 m ; 4 000 mm = 4 m.

6 1 km 200 m = 1 200 m ; 2 km = 2 000 m
2 000 m > 1 200 m > 900 m.

Consolidation

Remédiation : Exercice 7
Exercice aidé de conversion
1 km 500 m = 1 000 m + 500 m = 1 500 m
1 km 50 m = 1 000 m + 50 m = 1 050 m

Approfondissement : Exercice 8
Laisser la possibilité à l'élève d'écrire, si nécessaire, sur son ardoise. Les longueurs supérieures à 1 m sont : 150 cm ; 1 200 mm ; 1 km.

B5 Bilan de l'unité 5

Fichier pp. 60-61

Évaluation sommative

Énoncés	Réponses et commentaires
1 **Range** ces fractions dans l'ordre décroissant. **Entoure** les fractions plus grandes que 1.	$\frac{15}{7} > \frac{12}{7} > \frac{6}{7} > \frac{3}{7}$ **Remédiation :** Placer ces fractions sur une droite graduée. Rappeler la règle de comparaison : les dénominateurs sont les mêmes, il suffit de comparer les numérateurs. On peut aussi utiliser les bandes de papier fractionnées en septièmes.
2 **Calcule**.	$\frac{4}{3} + \frac{7}{3} = \mathbf{\frac{11}{3}}$ $\frac{4}{5} + \frac{9}{5} = \mathbf{\frac{13}{5}}$ $\frac{4}{9} + \frac{5}{9} = \mathbf{\frac{9}{9}} = \mathbf{1}$ **Remédiation :** Rappeler que les dénominateurs sont les mêmes, il suffit d'additionner les numérateurs. Utiliser des bandes de papier fractionnées en tiers, cinquièmes, neuvièmes.
3 **Convertis**.	• 8 t = **8 000** kg ; 9 kg = **9 000** g ; 5 dag = **50** g • 500 g = **5** hg ; 60 g = **6** dag ; 2 000 kg = **2** t • 3 hg 80 g = **380** g ; 8 dag 5 g = **85** g ; 1 t 50 kg = **1 050** kg **Remédiation :** S'assurer que les conversions de base sont connues. Travailler chaque item en petits groupes.
4 **Problème**.	La colonne rouge qui correspond aux rongeurs est la plus haute. Ce sont donc les rongeurs que la couleuvre a le plus mangés. La couleuvre a mangé 25 crapauds (colonne jaune) et 13 lézards (colonne bleue), soit en tout : 25 + 13 = 38 de ces petits animaux. **Remédiation :** Reprendre la lecture des graduations intermédiaires non légendées.
5 Parmi ces figures, lesquelles peuvent être les faces : - d'un parallélépipède ? - d'un cube ?	Les figures A (carré) et C (rectangle) peuvent être des faces d'un parallélépipède et la figure A peut être une face d'un cube.
6 **Colorie** en vert le triangle rectangle, en jaune le triangle isocèle et en bleu le triangle équilatéral.	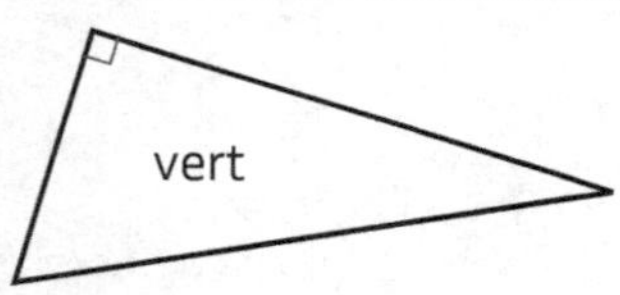 **triangle rectangle** 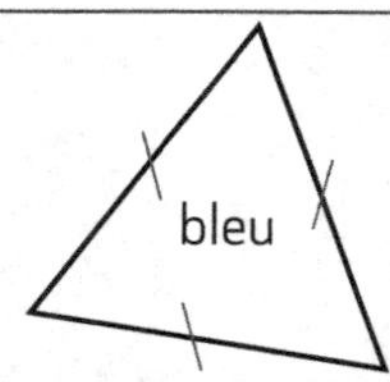 **triangle équilatéral** 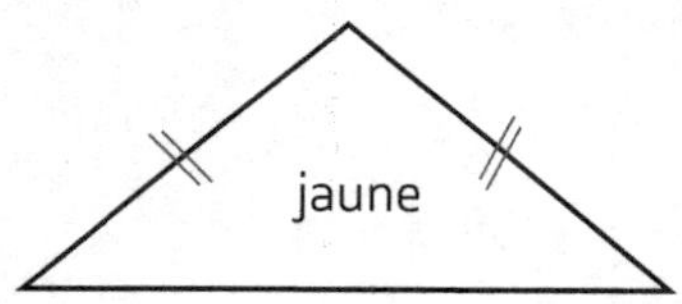 **triangle isocèle**

Consolidation

Énoncés	Réponses et commentaires
1 **Convertis** 9 hg 40 g en g.	Il faut d'abord décomposer 9 hg 40 g = 9 hg + 40 g, puis convertir 9 hg = 900 g et enfin additionner : 900 g + 40 g = 940 g.
2 **Problème**.	La marque la plus vendue est HR qui correspond à la colonne la plus haute, verte. 450 ordinateurs Racer et 200 ordinateurs Bell ont été vendus soit 450 + 200 = 650 ordinateurs de ces deux marques.
3 **Combien de sommets cet aquarium possède-t-il ?**	L'aquarium étant transparent, tous ses sommets sont visibles. Ils sont repérés en rouge et on en compte 8.

25 Les fractions : soustraction

Fichier p. 62

Programme	**Les fractions.** Soustraction des nombres fractionnaires (fractions).
Objectifs de l'apprentissage	Calculer la différence de fractions de même dénominateur. Résoudre des situations problèmes utilisant la soustraction de fractions de même dénominateur.
Remarques préalables	La soustraction des fractions obéit aux mêmes règles que l'addition ou la comparaison des fractions : elle n'est possible qu'avec des fractions de même dénominateur. **Difficultés de la leçon** – Donner une interprétation schématique correcte de la notion de différence entre deux longueurs. – Comprendre que, lorsque les dénominateurs sont identiques, ils n'interviennent plus dans le calcul de la différence de deux fractions, seuls les numérateurs sont concernés. **Aide** Prendre appui sur des représentations schématiques à partir de la même unité afin d'associer la différence des fractions à la différence de longueurs, soit à l'écart séparant deux longueurs.

Calcul mental : Sommes et différences de dizaines entières

Séance 1 (sur ardoise)
Écrire : 70 – 30 ; l'élève écrit 40.

Séance 2 (sur fichier)
→ *Écrire : 130 + 40 ; l'élève écrit 170.*
***Items :** 30 + 40 ; 110 + 30 ; 80 – 50 ; 160 + 20 ; 180 – 50.*

Séance 1

Activités collectives de construction du concept

Activité : Exercices 1 et 2 du fichier

1 Dans cet exercice, les élèves travaillent sur des représentations schématiques de partages de l'unité en dix parts égales. Compte tenu des acquis de la leçon 19 sur la somme des fractions, la principale difficulté consiste à donner un sens correct à la notion de différence entre deux longueurs, c'est-à-dire à centrer l'attention sur ce qu'il faut additionner à la plus petite longueur pour obtenir la plus grande (écart ou complément). Dans ces conditions, l'égalité $\frac{8}{10} - \frac{6}{10} = \frac{2}{10}$ apparaît comme naturelle.

Les autres différences : $\frac{12}{10} - \frac{8}{10} = \frac{4}{10}$

puis $1 - \frac{8}{10} = \frac{10}{10} - \frac{8}{10} = \frac{2}{10}$ confirment que, pour faire la différence entre deux fractions de même dénominateur, on fait la différence entre leurs numérateurs et on conserve leur dénominateur.

2 Cette règle est réinvestie dans cet exercice où les représentations schématiques ont disparu :

$\frac{5}{5} - \frac{2}{5} = \frac{3}{5}$; $\frac{12}{10} - \frac{5}{10} = \frac{7}{10}$; $\frac{7}{8} - \frac{1}{8} = \frac{6}{8}$.

Activités individuelles de mathématisation

Exercices 3, 4 et 5

Les élèves réinvestissent ce qu'ils ont découvert dans les exercices précédents.

3 Pour compléter la première égalité, les élèves peuvent s'aider du schéma. Pour le deuxième calcul, ils doivent savoir que $\frac{4}{4} = 1$.

4 Les schémas ont disparu, c'est la règle qui permet d'écrire que :

$\frac{6}{4} - \frac{1}{4} = \frac{5}{4}$; $\frac{7}{6} - \frac{3}{6} = \frac{4}{6}$; $\frac{10}{12} - \frac{5}{12} = \frac{5}{12}$

5 Il s'agit d'un problème faisant intervenir le découpage d'un gâteau. Mohamed en reçoit les $\frac{5}{8}$, cela sous-entend que le gâteau a été découpé en 8 parts égales et que Mohamed en a reçu 5 parts. Cela permet de comprendre que Nadia qui reçoit le reste du gâteau en reçoit les $\frac{3}{8}$.

La deuxième question qui utilise le vocabulaire des comparaisons additives, peut être reformulée ainsi : « Quelle est la différence entre la part de Mohamed et la part de Nadia ? » L'appui sur un schéma circulaire partagé en huit parts égales est une aide à la résolution de ce problème.

$\frac{5}{8} - \frac{3}{8} = \frac{2}{8}$

Mohamed a donc mangé $\frac{2}{8}$ du gâteau de plus que Nadia.

Séance 2

Évaluation formative

Exercices 6 et 7

6 Les élèves doivent calculer trois différences entre deux fractions de même dénominateur :
$\frac{6}{5} - \frac{2}{5} = \frac{4}{5}$; $\frac{5}{6} - \frac{3}{6} = \frac{2}{6}$; $\frac{11}{10} - \frac{5}{10} = \frac{6}{10}$

7 Deux enfants ont chacun effectué une partie d'un puzzle : Hassan $\frac{6}{10}$ et Nora $\frac{4}{10}$. Il n'est pas inutile de vérifier que $\frac{6}{10} + \frac{4}{10} = \frac{10}{10} = 1$ = l'ensemble du puzzle.

« Quelle fraction du puzzle Hassan a-t-il faite de plus que Nora ? » Cette formulation, délicate à comprendre, reprend le vocabulaire des comparaisons additives (de plus que, de moins que) déjà utilisé dans le problème 5.

Pour répondre, il faut calculer la différence entre $\frac{6}{10}$ et $\frac{4}{10}$.

$\frac{6}{10} - \frac{4}{10} = \frac{2}{10}$

Hassan a fait $\frac{2}{10}$ du puzzle de plus que Nora.

Consolidation

Remédiation : Exercice 8

Un schéma aide à calculer la différence $\frac{4}{5} - \frac{3}{5} = \frac{1}{5}$. Pour les élèves ayant des difficultés à interpréter une différence comme un écart ou un complément, la soustraction peut être interprétée comme un retrait sur le schéma en barrant 3 cases sur la représentation de la fraction $\frac{4}{5}$.

Approfondissement : Exercice 9

Les élèves doivent exprimer l'unité 1 sous la forme de $\frac{4}{4}$ avant de calculer la différence $1 - \frac{3}{4} = \frac{4}{4} - \frac{3}{4} = \frac{1}{4}$.

26 La symétrie axiale

Fichier p. 63

Programme	**Géométrie.** La symétrie axiale.
Objectifs de l'apprentissage	Identifier un axe de symétrie par pliage ou découpage. Utiliser la symétrie pour dessiner une figure à l'aide d'un quadrillage.
Remarques préalables	La symétrie axiale ou orthogonale est une isométrie du plan qui transforme une figure en une figure superposable à la figure initiale après retournement. Quand une figure possède un axe de symétrie, cela signifie qu'appliquer une symétrie orthogonale suivant cet axe ne modifie pas la figure de façon globale. Les élèves s'en rendent compte en effectuant la superposition des deux parties de la figure après pliage suivant l'axe de symétrie, ou par superposition de la figure sur elle-même après lui avoir fait subir un retournement : côté « pile » à la place du côté « face ». **Difficulté de la leçon** Anticiper l'effet d'un pliage pour prévoir qu'une droite sera un axe de symétrie d'une figure, le pliage effectif étant la vérification de l'hypothèse. **Aide** Pour savoir si une figure possède un axe de symétrie, il faut imaginer que lorsqu'on rabat le côté gauche de cette figure sur son côté droit, les deux côtés se superposent exactement. Si on trace le contour d'une figure et que l'on retourne cette figure dans son contour, si elle y rentre exactement, c'est que la figure possède au moins un axe de symétrie. En effet quand on retourne la figure, son côté gauche réel coïncide exactement sur son côté droit dessiné. Le retournement ne permet pas de positionner l'axe de symétrie. Pour trouver l'axe de symétrie, il faut utiliser le pliage.

Calcul mental : Ajouter ou retrancher des centaines à un nombre de 3 chiffres

Séance 1 (sur ardoise)
Écrire : 325 – 100 ; l'élève écrit 225.

Séance 2 (sur fichier)
→ *Écrire : 136 + 400 ; l'élève écrit 536.*
***Items :** 136 + 400 ; 443 – 200 ; 654 – 300 ; 238 + 400 ; 546 + 300.*

Séance 1

Activités collectives de construction du concept

Activité 1 : Obtenir une figure par découpage qui admet un axe de symétrie

Organisation : Individuelle ou groupes de 2 élèves.
Matériel : Par élève : une règle ; un compas ; des quarts de feuille de papier blanc, des ciseaux.

Distribuer à chacun un ou plusieurs quarts de feuille que les élèves plient à leur gré. Ils découpent dans le pli de la partie pliée un contour quelconque.
Afficher au tableau quelques productions d'élèves et faire remarquer la variété des formes possibles des figures. Le pli est l'axe de symétrie de toutes ces figures car il permet de plier la figure en deux parties qui se superposent exactement.

Activité 2 : Utiliser le retournement pour identifier une figure symétrique

Matériel : Figures A, B et C (*cf.* matériel photocopiable p. 79 du guide), quelques feuilles de papier calque.

- Distribuer une feuille photocopiée des figures A, B et C à chaque élève.
- Demander aux élèves de décalquer chacune des 3 figures, de retourner le calque et de le positionner sur la figure décalquée.
- Poser la question : « *Quelles figures ont un axe de symétrie ?* » Il ressort de la discussion que seules les figures qui admettent un axe de symétrie peuvent se superposer exactement avec leur trace.

Activité 3 : Tracer des axes de symétrie

- Chaque élève découpe les figures A, B et C distribuées par l'enseignant.
- Donner la consigne : « *Trouvez et tracez quand c'est possible le ou les axes de symétrie des figures.* » Les élèves vont plier chaque figure pour essayer de faire coïncider exactement les deux parties. Quand les deux parties de la figure se superposent exactement, ils repassent le pli en rouge à l'aide de la règle : c'est l'axe de symétrie de la figure.
- D'autres figures géométriques peuvent être proposées. L'observation des différents pliages révèle que certaines figures ont plusieurs axes de symétrie, d'autres n'en ont aucun et que le cercle en possède une infinité.

Activité 4 : Exercices 1 et 2 du fichier
Matériel : Feuille de papier rectangulaire.

1 Les élèves doivent trouver par pliage les axes de symétrie du rectangle (feuille rectangulaire) et les tracer en rouge.
Demander d'imaginer le pliage avant de le réaliser. Les élèves effectuent le pliage. Quand les deux parties de la figure se superposent, ils tracent alors l'axe de symétrie de la figure en repassant en rouge le pli.
Le rectangle a deux axes de symétrie, ce sont les médiatrices des côtés.

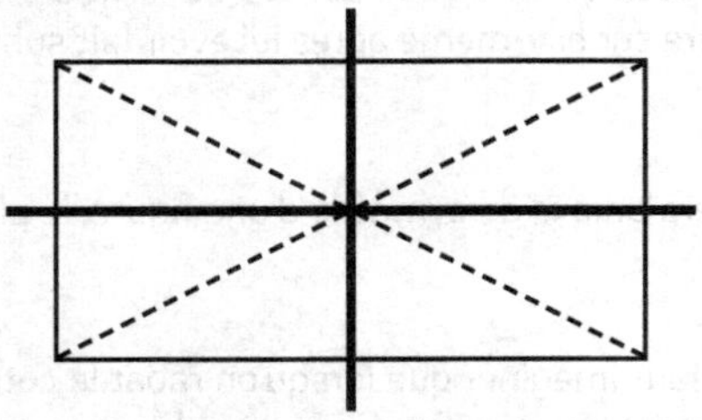

2 Les élèves découvrent la figure à compléter. L'observation se porte sur les deux points rouges. Les élèves constatent que ces deux points symétriques sont sur la même ligne du quadrillage et à la même distance de l'axe rouge (6 carreaux).
Demander de tracer le symétrique du point vert. Il sera placé à 7 carreaux de l'axe.
Pour terminer le papillon, demander de placer d'abord les points particuliers et de tracer leurs symétriques.
Les élèves terminent le tracé individuellement. La correction est collective.

Activités individuelles de mathématisation

Exercice 3
Les élèves doivent reproduire chaque figure sur le quadrillage de leur cahier, les découper puis chercher par pliage les axes de symétrie.
Veiller à ce que les figures soient correctement reproduites et les découpages réalisés avec soin. Les élèves reconnaissent la similitude de cette activité avec les pliages réalisés en Activité 3.
Pour alléger le temps de travail, distribuer les figures photocopiées.
La correction collective permet de confronter les résultats.

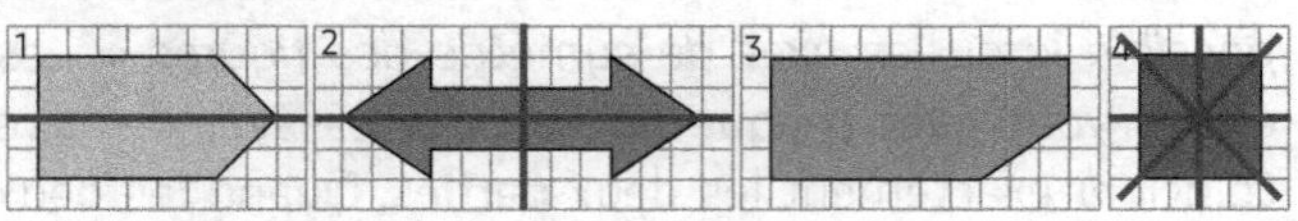

Séance 2

Évaluation formative

Exercices 4 et 5
4 La figure du poisson facilite les représentations mentales des pliages et la découverte de l'axe de symétrie horizontal. En cas d'erreur, faire reproduire le poisson ou distribuer la feuille photocopiée pour qu'en réalisant concrètement le pliage l'élève trouve l'axe de symétrie.

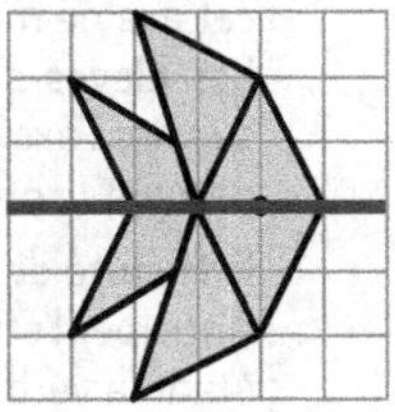

5 Les élèves doivent compléter la tête du chat. Ici aussi, la représentation mentale aidera l'élève à percevoir la symétrie de la figure finale.
Comme pour l'activité 5 demander aux élèves, avant de tracer la partie manquante de la figure, de dessiner d'abord les points particuliers et leurs symétriques.

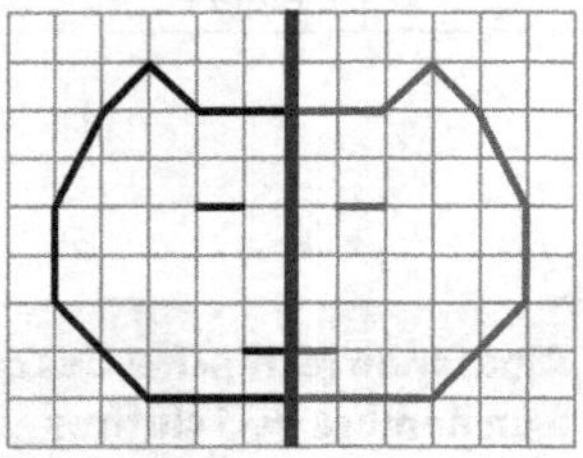

Consolidation

Remédiation : Exercice 6
Cet exercice reprend la base de la reproduction d'une figure symétrique sur quadrillage : il faut savoir tracer le symétrique d'un point par rapport à un axe.

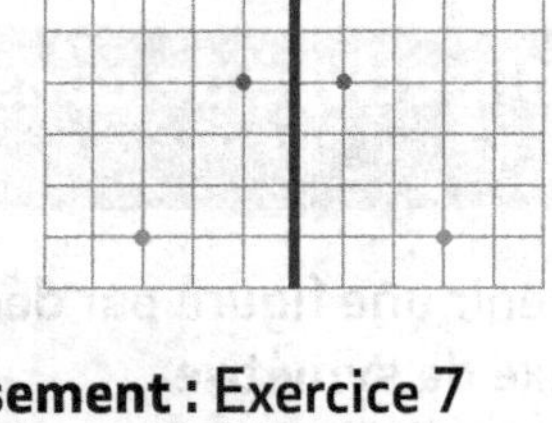

Approfondissement : Exercice 7
L'axe de symétrie oblique crée la difficulté de l'exercice. La manipulation (pliage) sera d'une aide primordiale.

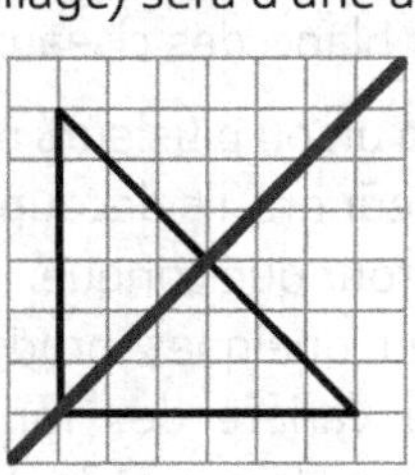

27 La division par un nombre d'un seul chiffre

Fichier p. 64

Programme	**Les opérations de calcul : addition, soustractions, multiplication et division.** La division par un nombre à un seul chiffre.
Objectifs de l'apprentissage	La division : calcul du quotient avec reste.
Remarques préalables	Cette leçon propose deux situations : la première est consacrée à la division-partition (recherche de la valeur d'une part) avec reste non nul. La deuxième à la division-quotition (recherche du nombre de parts) avec reste non nul. Les élèves ont ainsi une vision globale des deux types de situations conduisant à une division. Dans les deux cas, quand ils utilisent la table de multiplication du diviseur, le dividende s'intercale entre deux multiples du diviseur, ce qui fait apparaître un reste. Cependant dans l'approfondissement, ils rencontrent une division de reste nul. Cette leçon fait donc la synthèse des situations de division par un petit nombre. **Difficultés de la leçon** – Interprétation des situations. – Choix de la table de multiplication à utiliser pour résoudre le problème. **Aide** Faire jouer concrètement les situations avec du matériel et traduire les actions par des relations entre les nombres.

Calcul mental : Ajouter des milliers à un nombre de 4 chiffres

Séance 1 (sur ardoise)
Écrire : 3 150 + 2 000 ; l'élève écrit 5 150.

Séance 2 (sur fichier)
→ *Écrire : 4 368 + 4 000 ; l'élève écrit 8 368.*
Items : *4 368 + 4 000 ; 2 620 + 3 000 ; 3 425 + 2 000 ; 1 008 + 7 000 ; 1 001 + 1 000.*

Séance 1

Activités collectives de construction du concept

Organisation : Classe entière.
Matériel : Deux jeux de cartes ou deux paquets de feuilles cartonnées : un paquet de 52 et un paquet de 32.

Activité 1 : Situation de division-partition
Écrire l'énoncé : « *Rachida possède 52 cartes. Elle veut les partager en 9 paquets égaux qui soient les plus gros possible. Combien de cartes y aura-t-il dans chaque paquet ? Combien restera-t-il de cartes qui ne seront pas distribuées ?* »

Manipuler
Un groupe de 9 élèves réalise concrètement le partage avec 52 cartes.
Le résultat est écrit : 52 = 5 × 9 + 7.

Calculer
Écrire la table de 9 de la multiplication.
Les élèves observent la table et commentent ce choix.
Ils constatent que le nombre 52 ne figure pas dans la table. Ce nombre s'intercale entre 45 et 54. Rachida a moins de 54 cartes. C'est donc le nombre 45 qu'il convient de diviser car 52 = 45 + 7.
Le quotient de 52 divisé par 9 est égal à 5 et il reste 7.
On écrit l'égalité : 52 = 5 × 9 + 7.
Les élèves constatent que le résultat est identique à celui de la manipulation.
Faire remarquer que le reste est plus petit que le diviseur. S'il était plus grand, la distribution ne serait pas terminée et il faudrait corriger le dividende et le reste pour que l'égalité traduise une division.

Activité 2 : Situation de division-quotition
Écrire l'énoncé : « *Kamel possède un jeu de 32 cartes. Pour faire une réussite, il fait le plus grand nombre possible de paquets de 5 cartes. Combien de paquets Kamel va-t-il pouvoir faire ? Combien lui restera-t-il de cartes ?* »

Manipuler
Un élève réalise le partage de 32 cartes en paquets de 5. Les autres schématisent le partage en dessinant des paquets de 5 barres jusqu'à avoir dessiné 32 barres.
Le résultat est écrit : 32 = 6 × 5 + 2.

Calculer
Écrire la table de 5 de la multiplication.
Faire justifier ce choix.
Le nombre 32 ne figure pas dans la table.
Il s'intercale entre 30 et 35. Kamel a moins de 35 cartes. C'est donc le nombre 30 qu'il convient de diviser car 32 = 30 + 2.
Le quotient de 32 divisé par 5 est égal à 6 et il reste 2.
On écrit cette égalité : 32 = 6 × 5 + 2.
Les élèves constatent que c'est la même que celle écrite en conclusion de la manipulation.
• Faire remarquer que le reste est plus petit que le diviseur. Poser la question : « *Que se passerait-il si le reste était plus grand ?* »

Activité 3 : Exercice 1 du fichier

Les élèves reconnaissent la situation de division de l'activité 1. Ils lisent les bulles et les commentent. Ils expliquent pourquoi c'est la table de 6 qui est utilisée et pourquoi c'est le nombre 48 qui est choisi pour être divisé. C'est Mathix qui donne la réponse. Toutes les cartes ne seront donc pas distribuées. Il en restera 52 – 48 = 4.

Les élèves complètent d'abord les égalités puis les phrases.

Être attentif à l'écriture de l'égalité qui traduit la division et dans laquelle le reste est toujours inférieur au diviseur (ici 4 < 6) : 52 = 8 × 6 + 4.

Chaque joueur reçoit 8 cartes. Il reste 4 cartes non distribuées.

Activités individuelles de mathématisation

Exercice 2

Les élèves lisent l'énoncé du problème. Ils reconnaissent la situation de division de l'activité 2. Comme les boîtes contiennent 4 balles, c'est la table de 4 de la multiplication qui servira à résoudre la division. Comme 27 ne figure pas dans la table de 4, il faut encadrer 27 entre deux nombres proches présents dans la table :

24 < 27 < 28.

Il faut chercher le nombre qui servira à effectuer la division. Ce nombre est 24 parce qu'il est plus petit que 27 et non 28 qui est plus grand que 27. La division peut s'effectuer les élèves complètent l'égalité : 27 = 6 × 4 + 3 et complètent les phrases.

6 boîtes seront complètes. Il restera 3 balles.

Séance 2

Évaluation formative

Exercice 3

Cet exercice est proche de l'exercice 2 dont il reprend le canevas de résolution. La division s'appuie sur la table de 5 car les bouquets contiennent 5 fleurs. Le nombre 28 est compris entre 25 et 30. Les élèves écrivent : 25 < 28 < 30.

Ils doivent compléter l'égalité : 28 = 5 × 5 + 3.

Il confectionne 5 bouquets. Il reste 3 roses.

Consolidation

Remédiation : Exercice 4

Cet exercice revient sur une propriété importante de la division : le reste ne peut être supérieur au diviseur.

Il présente un problème que Théo pense avoir résolu. Aux questions « Peut-il rester 7 images ? » et « Théo a-t-il raison ? », les élèves doivent répondre en cochant deux fois la case non. Leur demander de justifier leur réponse et d'écrire l'égalité de la division. Si l'égalité est vraie, elle ne traduit pas la division de 47 par 5. Le diviseur étant 5, s'il reste 7 images, la division n'est pas terminée, il faut alors augmenter le dividende d'une unité. L'égalité de la division s'écrit : 47 = 9 × 5 + 2.

Approfondissement : Exercice 5

Une division avec reste peut avoir un reste égal à zéro. Si Léa a 3 cerises de plus, elle ne partage plus 32 cerises par 5 mais 35 cerises par 5.

L'égalité s'écrit : 35 = 7 × 5 + 0 ou plus simplement 35 = 7 × 5. Quand le reste est égal à 0, on ne l'écrit pas.

28 Mesure de capacités : du L au mL

Fichier p. 65

Programme	**Mesures.** Mesure des capacités (litre et ses sous-multiples).
Objectifs de l'apprentissage	Utiliser les unités de capacité (L, dL, cL, mL). Convertir les mesures de capacités et les comparer. Connaître la relation entre ces unités.
Remarques préalables	Les mesures de contenances, exprimées en litres, centilitres et millilitres – unités familières – constituent une approche des mesures des volumes, exprimées en mm^3, cm^3, dm^3, m^3. Les conversions sont basées sur des transvasements faciles et présentent l'avantage de reprendre l'analogie des conversions entre mètres, centimètres et millimètres. Les élèves doivent manipuler pour s'approprier les unités de contenance. C'est la raison des nombreuses activités préparatoires que nous proposons. **Difficulté de la leçon** Conversions ascendantes. **Aide** L'élève doit connaître par cœur les conversions de base : 1 L = 10 dL = 100 cL = 1 000 mL. Rapprocher ces égalités à celles du mètre et de ses sous-multiples.

Calcul mental : Calculer la différence de nombres proches

Séance 1 (sur ardoise)
Écrire 125 – 123 ; l'élève écrit 2.

Séance 2 (sur fichier)
→ *Écrire 338 – 335 ; l'élève écrit 3.*
***Items :** 338 – 335 ; 129 – 125 ; 465 – 461 ; 546 – 542 ; 258 – 255.*

Séance 1

Activités collectives de construction du concept

Activité 1 : Jouer avec des contenances et convertir

Organisation : Classe entière ou par groupes si le matériel le permet.
Matériel : Une grande bassine pour éviter les projections d'eau à moins de manipuler avec du sable.
Un biberon gradué en mL, une bouteille où est inscrit 1 L, une autre bouteille où est inscrit 75 cL. Une petite bouteille où l'on aura noté l'inscription 1 dL (petite bouteille de vinaigre de 100 mL par exemple).
Un entonnoir, un point d'eau.

Manipuler
Les élèves doivent déterminer par transvasement, à l'aide du biberon gradué en mL, les valeurs des contenances en mL des bouteilles de 1 L, 75 cL et 1 dL.

Débattre
- Demander la signification des symboles L, dL, cL et mL en s'appuyant sur les symboles des unités de longueur.
- Écrire au tableau ces 3 égalités que les élèves viennent compléter :
1 L = ... mL ; 75 cL = ... mL ; 1 dL = ... mL

Symboliser
À partir des résultats précédents demander de compléter les égalités :
1 cL = ... mL ; 1 dL = ... cL
1 L = ... dL = ... cL = ... mL
- Justifier le nom de « centilitre » et faire le rapprochement avec « centimètre » ainsi que « décilitre » et « décimètre », « millilitre » et « millimètre ».

Activité 2 : Exercice 1 du fichier

Cet exercice s'appuie sur les conversions établies dans l'activité manipulatoire et données par Mathix.
Procéder par étapes en décomposant les mesures complexes de capacité.
- 9 dL 1 cL = 900 mL + 10 mL = 910 mL
- 1 L = 1 000 mL
- 120 cL 4 mL = 1 200 mL + 4 mL = 1 204 mL

On a donc : 1 204 mL > 1 000 mL > 910 mL

Activités individuelles de mathématisation

Exercices 2, 3 et 4

2 L'élève doit choisir l'unité qui convient pour exprimer la capacité de récipients courants :
1 dL pour une tasse, 3 mL pour une petite ampoule, 1 L pour une bouteille d'eau, 1 cL pour une cuillère à soupe.

3 Consolidation de l'exercice 1 sur des mesures complexes de capacités. Toutes les conversions sont en cL.
1 L 50 cL = 150 cL ; 12 dL = 120 cL ; 1 dL 9 cL = 109 cL
109 cL < 120 cL < 150 cL

4 Problème nécessitant une conversion puis une multiplication à trou.
1 L = 100 cL ; 100 cL = ... × 20 cL (en 100 combien de fois 20 ?). On peut servir 5 verres.

Séance 2

Évaluation formative

Exercice 5
L'élève est amené à convertir 3 mesures de capacités en mL.
1 dL = 100 mL ; 4 cL 8 mL = 48 mL ;
1 dL 9 mL = 109 mL
48 mL < 100 mL < 109 mL

Consolidation

Remédiation : Exercice 6
Conversion de 2 mesures de capacités en cL. Le calcul est amorcé.
1 L 80 cL = 180 cL ; 1 dL 8 cL= 18 cL

Approfondissement : Exercice 7
1 L 2 cL = 102 cL ; 12 dL = 1 200 mL

29 Les relations numériques

Fichier p. 66

Programme	**La proportionnalité.** Vers la proportionnalité : les relations numériques.
Objectifs de l'apprentissage	Reconnaître les relations : « ajouter », « soustraire », « multiplier » et réciproquement. Compléter des tableaux en utilisant ces relations.
Remarques préalables	Dans cette leçon, il faut expliquer aux élèves que sur une même ligne les nombres peuvent être rangés dans un ordre quelconque, c'est sur chaque colonne que les nombres sont liés entre eux par une relation qu'indique l'opérateur entouré dans un rond rouge en marge du tableau, la flèche indiquant dans quel sens agit l'opérateur. Ceci pour tous les nombres d'une même ligne. Ce type de tableau peut être présenté comme une « machine à calculer » et son remplissage comme une forme de jeu. Grâce aux opérateurs réciproques, les élèves découvrent que la soustraction défait ce que l'addition a fait, ou que la division défait ce que la multiplication a fait. **Difficultés de la leçon** – Comprendre le fonctionnement d'un tableau. – Maîtriser les calculs simples faisant intervenir les quatre opérations. **Aide** Laisser les élèves découvrir progressivement les règles de fonctionnement d'un tableau.

Calcul mental : Additions de deux nombres de deux chiffres (sommes des unités supérieures à 10)

Séance 1 (sur ardoise)

Écrire 18 + 14 ; l'élève écrit 32.

Séance 2 (sur fichier)

→ *Dire : « 27 + 14 » ; l'élève écrit 41.*

***Items :** « 27 + 14 » ; « 19 + 13 » ; « 26 + 15 » ; « 27 + 24 » ; « 48 + 26 ».*

Séance 1

Activités collectives de construction du concept

Activité 1 : Fonctionnement de la machine dans le champ additif

Organisation : Classe entière.

Matériel : Distribuer les tableaux (*cf.* matériel photocopiable p. 80 du guide).

Laisser les élèves faire des commentaires et des suppositions sur son fonctionnement.

Attirer leur attention sur le sens des flèches présentes avec les ronds appelés opérateurs.

Dire que cette machine n'utilise que des nombres.

Écrire 8 dans une case du haut.

Laisser les élèves commenter. Écrire 10 dans le rond opérateur de gauche puis écrire 18 sous le 8. Demander d'écrire un signe mathématique dans le rond opérateur de gauche, puis dans celui de droite et de justifier ces écritures. Faire compléter le rond opérateur de droite avec un nombre et le faire justifier.

Opérateur de gauche : + 10 ; opérateur de droite : – 10

		8		
		18		

Le fonctionnement de la machine étant compris, la faire fonctionner en écrivant successivement des nombres dans les cases du haut et celles du bas. Les élèves complètent les cases au fur et à mesure.

Activité 2 : Fonctionnement de la machine dans le champ multiplicatif

Présenter une nouvelle machine au tableau.

Faire découvrir son fonctionnement.

Comment passer de 8 à 24 et de 24 à 8 ?

		8		
		24		

Demander l'écriture des signes mathématiques dans les ronds opérateurs. Faire justifier les écritures. Faire compléter les ronds opérateurs.

Opérateur de gauche : × 3 ; opérateur de droite : : 3

		8		
		24		

Le fonctionnement de la machine étant compris, la faire fonctionner en écrivant successivement des nombres dans les cases du haut et celles du bas. Les élèves complètent les cases au fur et à mesure.

Opérateur de gauche : × 3 ; opérateur de droite : : 3

5	9	8	......	......
......	......	24	21	30

Activité 3 : Exercices 1 et 2 du fichier

1 Les élèves observent les tableaux. Attirer leur attention sur le sens des flèches des opérateurs rouges, les signes mathématiques qu'ils comportent. Les élèves complètent les cases des tableaux.

+ 8 ↓ / – 8 ↑	2	6	22	**4**	17	**7**	**10**	20
	10	**14**	**30**	12	**25**	15	18	28

× 4 ↓ / : 4 ↑	2	4	8	**6**	9	**10**	**5**	3
	8	**16**	**32**	24	**36**	40	20	12

2 Les élèves doivent trouver la valeur des opérateurs du champ additif dans le premier tableau et du champ multiplicatif dans le deuxième et compléter des égalités qui reprennent les nombres des extrémités du tableau. Ils se rendent compte que les nombres des opérateurs sont les nombres manquants des égalités à compléter.

+ **9** ↓ / – **9** ↑	12	42	18
	21	51	27

12 + **9** = 21 27 – **9** = 18

× **5** ↓ / : **5** ↑	6	10	8
	30	50	40

6 × **5** = 30 40 : **5** = 8

Activités individuelles de mathématisation

Exercices 3, 4 et 5

3 Les tableaux ne comportent qu'un seul opérateur. Il faut être attentif au signe de chacun d'eux.

+ 10 ↓	12	34
	22	**44**

– 10 ↓	15	35
	5	**25**

× 10 ↓	5	14
	50	**140**

4 Il faut résoudre des égalités à trou dont le résultat est connu. Il est possible de transformer cette situation en la recherche d'un opérateur avec une présentation comparable à celle des tableaux de l'exercice précédent, les deux nombres connus occupant les cases d'une même colonne d'un tableau dont l'opérateur fléché ne comporte que le signe opératoire.

12 + **6** = 18 20 – **5** = 15 5 × **4** = 20

5 Il faut 25 Dh de plus à Youssef pour passer de 75 Dh à 100 Dh.

Séance 2

Évaluation formative

Exercice 6

Il faut compléter les tableaux dans les deux premiers items et compléter l'opérateur dans le dernier.

– 10 ↓	18	32
	8	**22**

× 10 ↓	7	12
	70	**120**

+ **5** ↓	13	25
	18	30

Consolidation

Remédiation : Exercice 7

Cet exercice revient sur les relations réciproques qui unissent 6 et 30 dans le champ multiplicatif : 30 c'est 5 fois plus que 6 ; 6 c'est 5 fois moins que 30.

× **5** ↓ / : **5** ↑	6
	30

Approfondissement : Exercice 8

Il faut compléter une suite en appliquant des opérateurs différents.

+ 7, – 5, × 2

15	**22**	**17**	**34**

30 Le cercle, le disque et la sphère

Fichier p. 67

Programme	**Géométrie.** Le disque, la sphère et le cercle.
Objectifs de l'apprentissage	Reconnaître les caractéristiques d'une sphère, d'un disque et d'un cercle. Tracer un cercle et un disque.
Remarques préalables	Ces trois objets géométriques sont traités dans une seule et même leçon car ils peuvent tous les trois être définis par un point et une distance. Le point est le centre de l'objet, la distance est le rayon (r) de l'objet. Ainsi le cercle est l'ensemble des points du plan situés à égale distance (r) du centre ; le disque est l'ensemble des points du plan situés à une distance au centre inférieure ou égale au rayon. Le cercle fait donc partie du disque. La sphère est l'équivalent du cercle dans l'espace, c'est-à-dire l'ensemble des points de l'espace situés à égale distance du centre. Dans cette leçon on peut se contenter de différencier la sphère des deux autres figures par le fait que ce solide ne peut être contenu sur une feuille plane. Remarque : l'équivalent dans l'espace du disque se nomme la « boule » et ne sera pas traité en CE2. **Difficultés de la leçon** Passer d'une géométrie perceptive (intuitive) à une géométrie conceptualisée qui s'appuie sur les propriétés des objets. **Aide** – Travailler dans un espace plus grand que la feuille de papier (méso-espace) pour impliquer le corps et la position des élèves dans la définition d'un cercle. – Utiliser le compas selon sa fonction première de report de longueurs, et pas uniquement comme instrument de traçage de cercles.

Calcul mental : Tables de multiplication

Séance 1 (sur ardoise)
Dire : « 5 × 6 » ; l'élève écrit 30.

Séance 2 (sur fichier) :
➜ *Dire : « 8 × 4 » ; l'élève écrit 32.*
***Items** : « 8 × 4 » ; « 9 × 3 » ; « 5 × 7 » ; « 6 × 8 » ; « 7 × 9 ».*

Séance 1

Activités collectives de construction du concept

Activité 1 : Le disque vivant

Organisation : Classe entière, dans la cour.

Matériel : Un décamètre ou un mètre ruban de 5 m minimum ; des craies ; un plot par élève.

Manipuler, débattre

▪ Construire un cercle.

Expliquer que le sol de la cour représente une feuille de papier géante et que chaque élève va représenter un point sur cette feuille. L'objectif est de former un cercle de 5 m de rayon.

Un élève « O » prend le décamètre et se positionne dans un espace dégagé, et un autre élève « R » se met à l'écart. Le reste de la classe se réunit autour de l'élève central O pour former une ronde en se tenant les mains, puis la ronde s'étend au maximum pour former un « pseudo-cercle » autour de l'élève O. On fait lâcher les mains, puis chacun fait un pas en arrière.

Un cercle de 5 m de rayon permet de positionner jusqu'à 30 élèves espacés d'environ 1 m.

Expliquer que, pour former un cercle, chaque élève doit être situé à la même distance de l'élève central et qu'ils vont devoir peut-être se repositionner.

L'élève R va prendre une extrémité du décamètre et mesurer une distance de 5 m. Cette longueur ne doit plus varier, l'élève O bloque le décamètre.

L'élève R va ensuite parcourir un cercle autour de O et quand il passe devant chaque élève du cercle, celui-ci pose son plot à terre à la bonne distance.

Tracer au sol avec la craie le cercle qui relie les plots.

L'élève O pose à son tour son plot au centre du cercle.

Dire que tous les élèves sont situés sur un cercle, et que ce cercle a pour centre l'élève O, et pour rayon 5 m.

▪ Jouer avec le cercle et le disque.

Expliquer que désormais les élèves vont devoir répondre à une consigne : donner une distance par rapport au plot central et les élèves devront se positionner à cette même distance du centre. Rappeler que les plots sont situés sur le cercle, donc à 5 m du centre.

À chaque consigne, il y aura une discussion pour savoir qui a raison entre ceux qui sont à l'intérieur du cercle et ceux qui sont à l'extérieur.

On vérifie en mesurant.

Dire : *« 3 m ; 7 m ; 4 m ; 6 m ; 3 m 50 ; 5 m ; plus grand que 5 m ; plus petit que 5 m. »*

Terminer l'activité en expliquant que tous les élèves, qui sont actuellement positionnés à une distance inférieure à 5 m, se trouvent sur le disque de centre O et de rayon égal à 5 m.

Activité 2 : Exercices 1 et 2 du fichier

1 Expliquer que l'ensemble des points qui constituent chaque objet est représenté par la couleur verte.
L'élève doit avoir compris qu'un cercle ou un disque n'est pas un « rond » (objet intuitif), mais un ensemble de points avec des propriétés définies.
La sphère est identifiée par son « reflet » de surface.

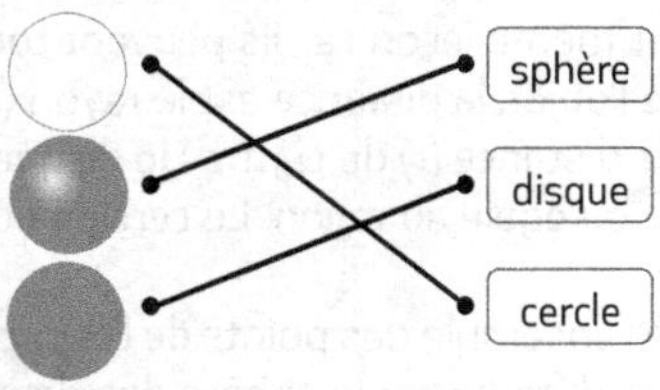

2 L'utilisation du compas en tant qu'instrument pour tracer un cercle dérive de sa fonction première de report d'une longueur. Ainsi le compas sert à tracer tous les points situés à la même distance d'un point donné : le centre.
Le schéma permet de guider l'élève dans le positionnement du compas.
Cette activité doit être répétée sur le cahier d'exercices pour que l'élève puisse acquérir la maîtrise de cet instrument.
Les élèves répondent « oui » à la question : tous les points du cercle sont à la même distance de O, le centre du cercle.

Activités individuelles de mathématisation

Exercices 3 et 4

3 Cet exercice permet de mobiliser les connaissances des propriétés des figures.
Seule la deuxième affirmation est vraie.

4 L'élève va devoir manipuler son compas pour trouver le centre d'un cercle. Cette opération n'est pas possible précisément sans un guidage, c'est pourquoi trois points sont proposés. L'élève va procéder par essai-erreur. Une fois un centre choisi, il va essayer de vérifier son hypothèse en traçant le cercle correspondant.
La proximité des points proposés rend l'exercice difficile car la manipulation du compas doit être précise.
Dans un deuxième temps, lorsque le centre a été identifié, l'élève doit tracer un rayon, c'est-à-dire n'importe quel segment qui va relier ce point au cercle.

Séance 2

Évaluation formative

Exercices 5 et 6

5 L'élève reconnaît que la sphère est un objet tridimensionnel, et que le cercle est un disque « vide » dont il est la limite.

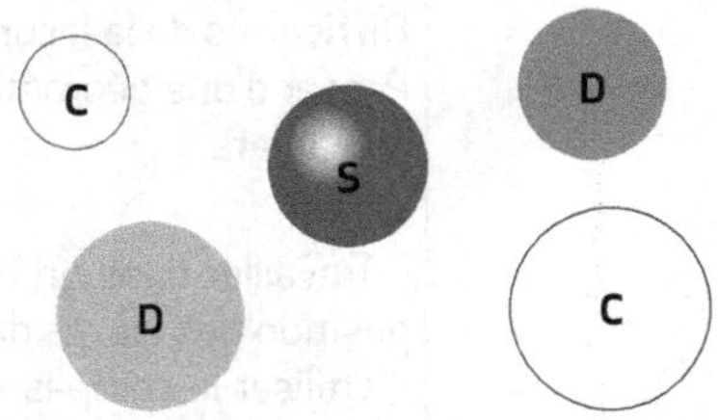

6 On évalue la capacité de l'élève à positionner correctement son compas, et à déterminer la bonne ouverture pour tracer le cercle. Cet exercice est plus difficile que l'exercice 2.

Consolidation

Remédiation : Exercice 7

Cet exercice s'effectue sans compas, à main levée. Il est destiné à ancrer la définition du cercle et du disque pour les élèves qui en ont encore besoin.

Approfondissement : Exercice 8

Il s'agit d'une simple recherche documentaire qui permet de relier les propriétés de la sphère avec un cas pratique, et en utilisant une nouvelle unité, le kilomètre.
La Terre a un rayon de 6 370 km.
L'élève ne doit pas confondre rayon et diamètre.

31 La proportionnalité : tableaux de nombres proportionnels

Fichier p. 68

Programme	**La proportionnalité.** Présentation de la proportionnalité : tableau de nombres proportionnels.
Objectifs de l'apprentissage	Compléter un tableau de nombres proportionnels.
Remarques préalables	La proportionnalité est une relation qui s'établit entre deux grandeurs mesurables. Deux séries de mesures sont proportionnelles lorsqu'on peut calculer les valeurs de l'une en multipliant les valeurs de l'autre par un nombre constant non nul appelé coefficient de proportionnalité. Une telle définition, qui cache celle d'application linéaire, n'est pas accessible aux élèves de l'école primaire. L'approche qui en est faite dans cette leçon repose à la fois sur la compréhension du coefficient de proportionnalité (passage d'une ligne à l'autre dans le tableau), mais aussi sur les propriétés de linéarité multiplicative ou additive (passage d'une colonne à l'autre). Ces dernières se traduisant par des formulations du genre : « Si la valeur de la grandeur A est multipliée par 2, alors la valeur correspondante de la grandeur B est aussi multipliée par 2 ». Les élèves diront plutôt : « Si A est 2 fois plus grand, alors B est aussi 2 fois plus grand ». Le but de cette leçon est de favoriser les raisonnements de ce type qui seront mis en correspondance avec des situations de proportionnalité. **Difficultés de la leçon** – Difficulté à différencier les situations de proportionnalité de celles qui ne le sont pas. – Comprendre le fonctionnement d'un tableau de proportionnalité. **Aide** Faire construire des tableaux de nombres proportionnels à partir de manipulations concrètes.

Calcul mental : Trouver un quotient exact (reste nul)

Séance 1 (sur ardoise)

Dire : « En 15 combien de fois 3 ? » ; l'élève écrit 5.

Séance 2 (sur fichier)

→ *Dire : « En 18 combien de fois 6 ? » ; l'élève écrit 3.*
***Items :** « En 18 combien de fois 6 ? » ; « En 18 combien de fois 3 ? » ; « En 24 combien de fois 6 ? » ; « En 20 combien de fois 4 ? » ; « En 12 combien de fois 3 ? »*

Séance 1

Activités collectives de construction du concept

Activité 1 : Situation de proportionnalité

- Placer 6 billes dans le plateau d'une balance de ménage et lire la masse affichée par la balance : 82 g. Écrire au tableau : 6 billes pèsent 82 g.
- Placer ensuite 12 billes dans ce même plateau et cacher l'écran de la balance, demander à la classe de prévoir et d'écrire la masse qu'affiche la balance.

Après discussion, la validation se fait par lecture de l'écran : les 12 billes pèsent 164 g.

- Demander aux élèves ayant trouvé la bonne réponse d'expliquer comment ils y sont parvenus. Le raisonnement le plus probable est de dire : 12 billes, c'est 2 fois plus que 6 billes, donc 12 billes pèsent 2 fois plus que 82 g.
- Placer 3 billes sur le plateau et demander à nouveau à la classe de prévoir l'affichage de la balance. La balance affiche 41 g. Les élèves qui ont trouvé la réponse expliquent leur raisonnement : 3 billes, c'est la moitié de 6 billes, donc 3 billes pèsent la moitié de 82 g.
- Placer ensuite 9 billes dans le plateau et demander à la classe de prévoir l'affichage de la balance. La balance affiche 123 g. Les élèves qui ont trouvé la réponse expliquent leur raisonnement :

9 billes, c'est 6 billes plus 3 billes donc 9 billes pèsent 82 g + 41 g = 123 g.

On dit que la masse affichée par la balance est proportionnelle au nombre de billes. D'autres valeurs sont proposées à la sagacité des élèves jusqu'à ce que tous les élèves découvrent la masse affichée par la balance : 15 billes ; 24 billes ; 30 billes ; 60 billes...

Activité 2 : Exercices 1 et 2 du fichier

1 Demander à un élève de lire l'énoncé. Chaque élève analyse le tableau, il est fait appel aux notions étudiées précédemment pour conclure qu'il s'agit d'une situation de proportionnalité.

Demander de trouver la valeur de l'opérateur : il s'agit du prix d'un gâteau (5 Dh). Pour trouver cette valeur, les élèves expliquent leur méthode.

Chaque nombre de la deuxième ligne du tableau est obtenu en multipliant chaque nombre de la première ligne par un opérateur multiplicatif égal à 5 qui correspond au prix d'un gâteau (5 Dh).

Le tableau est donc un tableau de nombres proportionnels.

Les élèves complètent individuellement le tableau.

Nombre de gâteaux	1	2	4	8
Prix (en Dh)	5	10	**20**	**40**

(× 5)

2 ▪ Demander aux élèves comment tracer les points du graphique qui correspondent à 4 gâteaux, à 8 gâteaux, etc. Des élèves viennent placer ces points sur le graphique que l'on aura au préalable dessiné au tableau. Montrer que chaque point correspond à un couple de données indiquées par les axes du tableau.
Quand le fonctionnement du graphique est acquis, demander aux élèves de le compléter individuellement.
▪ Faire constater que, lorsqu'il s'agit d'une situation de proportionnalité, le graphique qui traduit un tableau de nombres proportionnels est une ligne droite qui passe par 0.
▪ Lorsque cette ligne droite est tracée, demander aux élèves de l'utiliser pour trouver le prix de 5 gâteaux, de 6 gâteaux, etc.
5 gâteaux : 25 Dh ; 6 gâteaux : 30 Dh ; 7 gâteaux : 35 Dh.

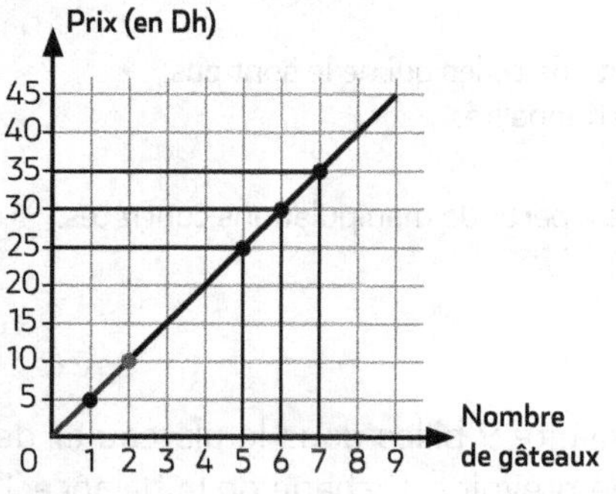

▪ Dans un deuxième temps pour clarifier la notion de proportionnalité, donner un contre-exemple : si on représente comme précédemment une situation non proportionnelle (la taille en fonction de l'âge) sur un graphique, la ligne obtenue est une courbe et non une ligne droite.

Activités individuelles de mathématisation

Exercice 3

Un magasin de cartes postales affiche dans un tableau de proportionnalité : 2 cartes (4 Dh) ; 5 cartes (10 Dh).
L'opérateur multiplicatif du tableau correspond au prix de 1 carte postale (2 Dh).
Combien de cartes peut-on acheter avec 12 Dh ? (6 cartes) ; avec 20 Dh (10 cartes) ?
On fait remarquer que pour trouver les nombres de la première ligne on utilise l'opérateur inverse de × 2 → : 2.
12 : 2 = 6   20 : 2 = 10

Cartes postales	2	5	**6**	**10**
Prix (en Dh)	4	10	12	20

(× 2)

En utilisant les résultats précédents, les élèves répondent à la dernière question :
40 : 2 = 20
Les touristes ont acheté 20 cartes postales.

Séance 2

Évaluation formative

Exercice 4

Les élèves doivent compléter un tableau. Vérifier qu'il s'agit bien d'une situation de proportionnalité. Chaque nombre de la deuxième ligne du tableau est obtenu en multipliant chaque nombre de la première ligne par un opérateur multiplicatif égal à 3, qui correspond à la mesure, en km, de la longueur du circuit.
Lors de la correction collective demander d'expliciter les démarches. Revoir, s'il le faut, les notions étudiées dans les exercices précédents.

Nombre de tours	2	4	5	8	**10**
Distance (en km)	6	12	**15**	**24**	30

(× 3)

Consolidation

Remédiation : Exercice 5

Cet exercice est une situation simple à résoudre en dehors d'un tableau. Faire constater par les élèves qu'il s'agit bien d'une situation de proportionnalité.
6 roses coûtent 40 Dh.
18 roses coûtent **3** fois plus car 18 = 6 × 3.
18 roses coûtent : 40 Dh × **3** = 120 Dh.

Approfondissement : Exercice 6

Cet exercice s'appuie sur une situation de proportionnalité comparable à celle de l'exercice 5.
Les élèves doivent trouver que le prix de 12 billes est le double du prix de 6 billes :
8 Dh × 2 = 16 Dh.
Pour la deuxième question, ils doivent trouver que le prix de 3 billes est la moitié du prix de 6 billes :
8 Dh : 2 = 4 Dh.

32 Mesure : longueurs, masses et capacités

Fichier p. 69

Programme	**Mesures.** Mesure des longueurs et des masses (réaliser des calculs mathématiques).
Objectifs de l'apprentissage	Résoudre une situation-problème en effectuant des opérations mathématiques utilisant des unités de mesure de longueur, de masse et de capacité.
Remarques préalables	Cette leçon porte sur des situations-problèmes impliquant des mesures de grandeurs. Elle utilise les résultats établis dans les leçons précédentes sur les mesures de longueurs, de masses et de capacités. Elle montre la nécessité que, pour ajouter ou retrancher deux mesures d'une même grandeur, il est nécessaire de les exprimer avec la même unité. Aussi proposons-nous des situations où les conversions apparaissent comme nécessaires pour la résolution d'un problème. L'élève est ainsi amené à convertir des longueurs, des masses, des contenances, ce qui est le but recherché. **Difficultés de la leçon** - Choisir les conversions à réaliser. - Convertir dans la même unité des mesures portant sur une même grandeur afin de les ajouter, de les soustraire ou de les comparer. **Aide** L'élève doit connaître par cœur les relations de base entre les unités de mesures.

Calcul mental : Trouver le quotient et le reste d'une division par 5

Séance 1 (sur ardoise)

Dire : « Quel est le quotient et le reste de 17 divisé par 5 ? » ; l'élève écrit 3 ; 2.

Séance 2 (sur fichier)

→ *Dire : « Quel est le quotient et le reste de 21 divisé par 5 ? » ; l'élève écrit 4 ; 1.*

***Items :** « Quel est le quotient et le reste de 21 divisé par 5 ?*
« Quel est le quotient et le reste de 23 divisé par 5 ? » ;
« Quel est le quotient et le reste de 32 divisé par 5 ? » ;
« Quel est le quotient et le reste de 44 divisé par 5 ? » ;
« Quel est le quotient et le reste de 19 divisé par 5 ? ».

Séance 1

Activités collectives de construction du concept

Activité 1 : Trouver la partie manquante d'une bande

Organisation : Groupes de 2 élèves.

Matériel : Pour chaque groupe : une bande cartonnée grise de 9 cm de longueur ; une bande cartonnée blanche de 15 cm (*cf.* matériel photocopiable p. 80 du guide) ; un double décimètre.

Manipuler

Chaque groupe reçoit les deux bandes cartonnées.
Poser le problème :
« Quelle longueur de la bande blanche faut-il ajouter à la suite de la bande grise pour obtenir une longue bande de 2 dm 1 cm ? »
Laisser les élèves manipuler.
Chaque groupe écrit sur son ardoise la mesure trouvée de la longueur de la bande blanche à couper.

Débattre

Deux groupes viennent exposer leur méthode de travail.
Après débat privilégier la méthode suivante :
- Convertir : 2 dm 1 cm = 21 cm
- Mettre à la suite de la bande grise la bande blanche et mesurer une longueur totale de 21 cm.
- Faire une marque sur la bande blanche.
- Couper et mesurer la partie à conserver : 12 cm.

Conclure qu'il faut ajouter à la bande grise un morceau de bande blanche de 12 cm de longueur.

Symboliser

Poser la question : *« Comment trouver ce résultat par le calcul ? »*
Il ressort du débat qu'il faut :
- d'abord mesurer la longueur de la bande grise : 9 cm ;
- ensuite résoudre l'addition à trou : 9 cm + ... = 21 cm ce qui revient à calculer : 21 cm – 9 cm.

L'égalité qui permet de trouver le résultat est :
21 cm – 9 cm = 12 cm
Conclure que pour ajouter ou retrancher des longueurs, il est nécessaire de les exprimer avec la même unité.

Activité 2 : Exercice 1 du fichier

Cet exercice progressif doit être mené collectivement.
L'élève doit résoudre une situation additive portant sur des mesures de longueurs dans laquelle il faut trouver l'état final. Faire remarquer que pour ajouter les deux mesures on choisit l'unité la plus petite (le m).
On réalise une conversion descendante.
Pour exprimer le résultat, on réalise une conversion ascendante.
Aïcha a parcouru 3 km 200 m.

Activités individuelles de mathématisation

Exercices 2 et 3

2 L'élève doit résoudre une situation soustractive portant sur des mesures de masses dans laquelle il faut trouver l'état final.
Faire remarquer que pour retrancher les deux mesures on choisit l'unité la plus petite (le g).
On réalise une conversion descendante.
Pour exprimer le résultat, on réalise une conversion ascendante.
Il reste 1 kg 600 g d'abricots à Amir.

3 L'élève doit résoudre une situation additive portant sur des mesures de capacités dans laquelle il faut trouver l'état final. Faire remarquer que pour ajouter les deux mesures on choisit l'unité la plus petite (le cL).
On réalise deux conversions descendantes.
Samia a préparé 220 cL de cocktail.

Séance 2

Évaluation formative

Exercice 4
L'élève doit résoudre une situation additive portant sur des mesures de masses dans laquelle il faut trouver l'état final.
Lors de la correction, on fera remarquer que pour ajouter les deux mesures on choisit l'unité la plus petite (le g).
On réalise deux conversions descendantes.
Pour exprimer le résultat, on réalise une conversion ascendante.
Meïssane a acheté 4 kg 200 g de fruits.

Consolidation

Remédiation : Exercice 5
Exercice aidé de conversion.
1 km 800 m + 400 m = 2 200 m = 2 km 200 m

Approfondissement : Exercice 6
Problème à deux étapes nécessitant une conversion.
Café servi : 6 × 10 cL = 60 cL
Capacité de la cafetière : 1 L = 100 cL
Il reste : 100 cL – 60 cL = 40 cL de café.

B6 Bilan de l'unité 6

Fichier pp. 70-71

Évaluation sommative

Énoncés	Réponses et commentaires
1 Calcule.	$\frac{3}{2} - \frac{1}{2} = \mathbf{\frac{2}{2}}$ ou **1** ; $\frac{3}{4} - \frac{2}{4} = \mathbf{\frac{1}{4}}$; $\frac{7}{8} - \frac{5}{8} = \mathbf{\frac{2}{8}}$; $\frac{13}{12} - \frac{8}{12} = \mathbf{\frac{5}{12}}$ **Remédiation :** Faire remarquer que lorsque les dénominateurs sont identiques, calculer la différence entre deux fractions revient à calculer la différence entre les deux numérateurs. Reprendre un travail avec des bandes ou des disques à partager.
2 Combien de paquets Ali a-t-il faits ? Combien de cartes a-t-il mises de côté ?	**Encadre** 52 dans la table de 8 : 48 < 52 < 56 **Complète** : 52 = **6** × 8 + **4** *Ali a fait 6 paquets. Il a mis de côté 4 cartes.* **Remédiation :** Revenir sur la notion de partage équitable. Faire jouer les situations en manipulant le matériel.
3 Ce tableau donne la masse de paquets de semoule. **Trouve** l'opérateur et **complète** ce tableau.	Nombre de paquets : 1 – 2 – 5 – 10 – 100 Masse totale de semoule (en kg) : 3 – 6 – **15** – **30** – **300** (opérateur : **: 3**) **Remédiation :** Traiter chaque colonne indépendamment de manière à pouvoir écrire les opérations en ligne : 3 : ... = 1 ; 6 : ... = 2 ; ... : 3 = 5 ; etc.
4 Complète la tête du chien par symétrie.	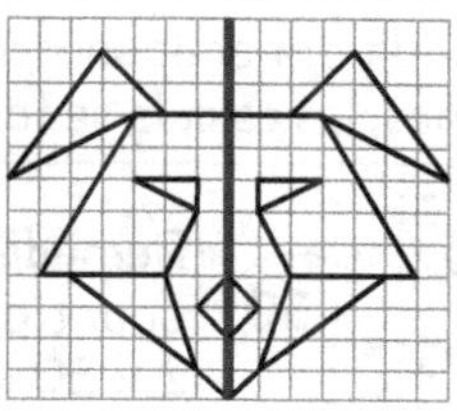 **Remédiation :** Matérialiser les points de concours des segments sur la partie gauche. Faire tracer les symétriques des points sur la partie droite en faisant compter les carreaux entre les points et l'axe de symétrie.
5 Trace le cercle de centre O et qui passe par A.	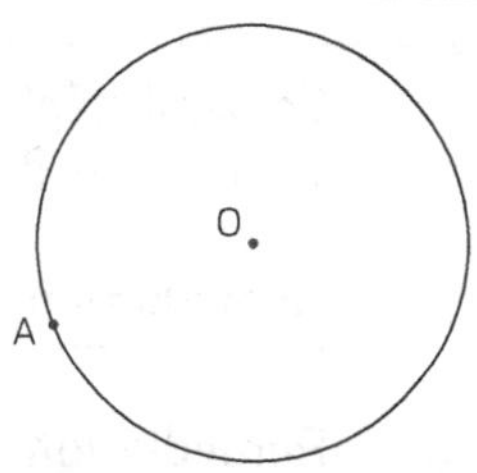 **Remédiation :** Reprendre les notions de centre et de rayon, ainsi que les propriétés du cercle (notamment l'équidistance au centre de tous les points du cercle). Faire manipuler le compas afin d'acquérir la maîtrise de l'instrument.
6 Quelle quantité de liquide, en L et cL, a-t-il bue ?	5 dL = 50 cL ; 2 × 33 cL = 66 cL 50 cL + 66 cL = 116 cL ; 116 cL = 1 L 16 cL *Fayçal a bu 1 L 16 cL de liquide.* **Remédiation :** Revoir les relations entre les unités de capacité.

Consolidation

Énoncés	Réponses et commentaires
1 Calcule comme dans l'exemple : les fractions ont le même dénominateur.	3 − 2 = **1** → $\frac{3}{5} - \frac{2}{5} = \mathbf{\frac{1}{5}}$ 8 − 5 = **3** → $\frac{8}{10} - \frac{5}{10} = \mathbf{\frac{3}{10}}$
2 Combien de billes chaque enfant a-t-il ? Combien de billes reste-t-il ?	Pour un partage en 3, tu dois utiliser la table de 3. 25 = 24 + 1 → 25 = **8** × 3 + **1** *Chaque enfant a 8 billes. Il reste 1 bille.*
3 Complète les égalités et le tableau.	10 × 3 = 30 6 : 3 = 2 10 – **2** **30** – 6 (× 3 ; : 3)

S2 Évaluation semestrielle (2)

Fichier pp. 72-73

Évaluation sommative

<table>
<tr><th>Énoncés</th><th>Réponses et commentaires</th></tr>
<tr><td>1 Combien de bonbons recevra chaque enfant ?</td><td>Complète. 24 = 4 × 6 24 : 6 = 4 Chaque enfant recevra 4 bonbons.
Remédiation : Vérifier la connaissance des tables en calcul mental.</td></tr>
<tr><td>2 Combien de filets préparera-t-il ? Combien restera-t-il d'oranges ?</td><td>Encadre 59 dans la table de 8 : 56 < 59 < 64
Complète. 59 = 7 × 8 + 3 Il préparera 7 filets. Il restera 3 oranges.
Remédiation : Faire encadrer un nombre entre deux multiples, la table est donnée.</td></tr>
<tr><td>3 Écris la fraction qui représente la partie verte de chaque drapeau.</td><td>Mali : $\frac{1}{3}$ Nigéria : $\frac{2}{3}$ Île Maurice : $\frac{1}{4}$ Bulgarie : $\frac{1}{3}$
Remédiation : Utiliser le pliage/découpage.</td></tr>
<tr><td>4 Range ces fractions dans l'ordre croissant. Entoure celles qui sont plus petites que 1.</td><td>$\frac{4}{6} < \frac{5}{6} < \frac{7}{6} < \frac{10}{6}$
Remédiation : Rappel de la règle de comparaison des fractions. Rappel des équivalences à l'unité.</td></tr>
<tr><td>5 Calcule.</td><td>$\frac{1}{4} + \frac{5}{4} = \mathbf{\frac{6}{4}}$; $\frac{3}{5} + \frac{3}{5} = \mathbf{\frac{6}{5}}$; $\frac{5}{2} - \frac{4}{2} = \mathbf{\frac{1}{2}}$; $\frac{15}{10} - \frac{8}{10} = \mathbf{\frac{7}{10}}$
Remédiation : Rappel de la règle pour additionner et soustraire des fractions : les dénominateurs doivent être les mêmes, les calculs se font sur les numérateurs.</td></tr>
<tr><td>6 Observe ce tableau qui donne le prix des places de cinéma. Trouve l'opérateur, puis complète le tableau.</td><td><table><tr><td>Places de cinéma</td><td>2</td><td>4</td><td>7</td><td>10</td></tr><tr><td>Prix (en Dh)</td><td>100</td><td>200</td><td>350</td><td>500</td></tr></table>× 50
Remédiation : Utiliser les multiples pour trouver l'opérateur :
2 × 50 = 100 ; 4 × 50 = 200.</td></tr>
<tr><td>7 Observe ce parallélépipède. Colorie une face en jaune, une arête en vert et un sommet en bleu.</td><td>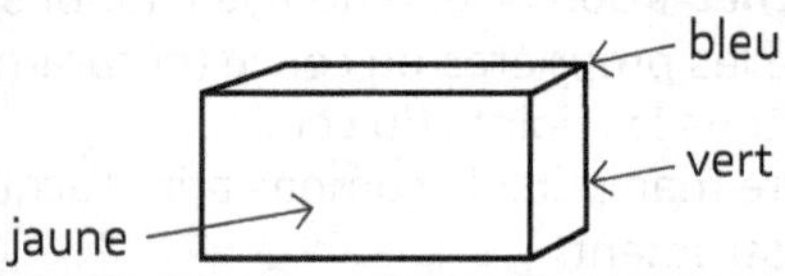Ce parallélépipède possède 6 faces, 12 arêtes et 8 sommets.
Remédiation : Utiliser un solide réel.</td></tr>
<tr><td>8 Colorie le triangle isocèle.</td><td>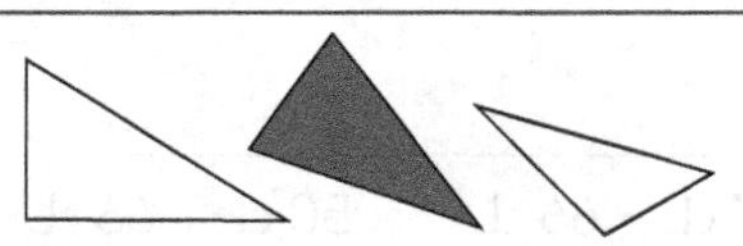Remédiation : Rappel de la définition du triangle isocèle.</td></tr>
<tr><td>9 Trace un triangle rectangle. Les côtés de l'angle droit mesurent 2 cm et 6 cm.</td><td>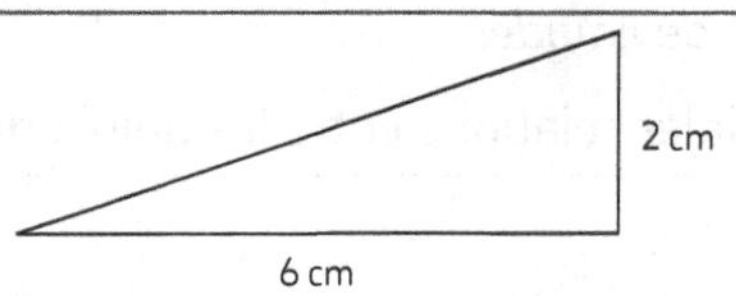Remédiation : Vérifier le maniement de l'équerre.</td></tr>
<tr><td>10 Calcule le périmètre de ce carré.</td><td>Le périmètre de ce carré mesure : 2 cm + 2 cm + 2 cm + 2 cm = 8 cm.
Remédiation : Rappel de la définition du périmètre et de la propriété du carré. Faire développer les côtés sur une droite et mesurer le segment.</td></tr>
<tr><td>11 Problème.
Quelle masse de légumes, en kg et g, achète-t-il ?</td><td>2 kg 750 g = 2 750 g 1 kg 400 g = 1 400 g
2 750 g + 1 400 g = 4 150 g = 4 kg 150 g
Ali a acheté 4 kg 150 g de légumes.
Remédiation : Rappel de la règle des additions et des soustractions des mesures ; rappel de la conversion kg/g et g/kg.</td></tr>
<tr><td>12 Problème.
Quel est le nombre de boîtes de crayons ? Quel est le prix d'une calculatrice ?</td><td>700 = 10 × 70 → Nombre de boîtes de crayons : 10
1 576 – 1 450 = 126 → Prix de la calculatrice : 126 Dh
Remédiation : Reprendre la lecture du tableau ligne-colonne ; recherche du multiple de 70 qui donne 700 ; recherche du complément pour faire 1 576.</td></tr>
</table>

T Traitement de fin d'année

Fichier pp. 74-75

Pour pouvoir répondre, l'élève doit mettre en œuvre l'ensemble de ses connaissances.

1 Problème. Un supermarché a reçu une livraison de 175 boîtes de conserve et une autre livraison de 245 boîtes. Les rayons comportent maintenant 509 boîtes de conserve.
Combien de boîtes de conserve restait-il avant de recevoir les deux livraisons ?

Résoudre une situation additive avec recherche de l'état final. Problème à étapes
Nombre de boîtes livrées : 175 + 245 = **420**
Nombre de boîtes initiales : 509 – 420 = **89**
Il restait 89 boîtes avant les livraisons.
Attention aux retenues dans les opérations posées.

2 Problème. Pour la fête des écoles, on a vendu 308 petits gâteaux à 27 Dh l'un.
Quel est le montant de cette vente ?

Résoudre une situation multiplicative.
Il faut poser une multiplication d'un nombre de 3 chiffres par un nombre de 2 chiffres.
Attention au zéro intercalé.
Le montant de cette vente est égal à ***8 316*** *Dh.*

3 Problème. Une puce parcourt 72 cm en 8 bonds de même longueur.
Quelle est la longueur d'un bond ?

Résoudre une situation de division partition.
Il faut résoudre une multiplication à trou, c'est-à-dire chercher 72 dans la table de 8.
9 × 8 = 72. *Un bond mesure 9 cm.*

4 Complète le tableau du boulanger.
Combien de pains peut-on acheter avec 30 Dh ?

Résoudre une situation de proportionnalité.

Nombre de pains	2	5	7	12	15
Prix (en Dh)	6	15	**21**	**36**	**45**

× 3

Avec 30 Dh, on peut acheter 10 pains.

5 Problème. Aïcha partage un gâteau en 8 parts égales. Elle distribue une part à chacun de ses 6 invités.
Écris la fraction qui représente une part du gâteau.
Écris la fraction qui représente les parts distribuées.
Quelle fraction du gâteau reste-t-il ?

Additionner, retrancher des fractions.
Une part : $\mathbf{\frac{1}{8}}$ du gâteau
Parts distribuées : $\mathbf{\frac{6}{8}}$ du gâteau
Il reste $\frac{8}{8} - \frac{6}{8} = \mathbf{\frac{2}{8}}$ *du gâteau soit* $\frac{1}{4}$.

6 Complète, par symétrie, la robe de Sara.

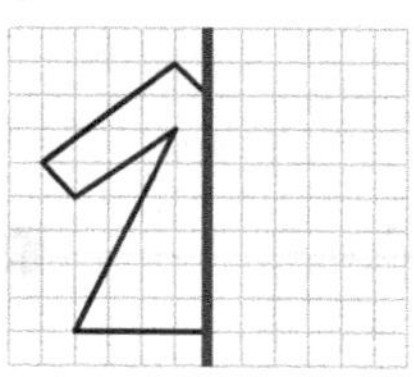

Compléter une figure par symétrie axiale.

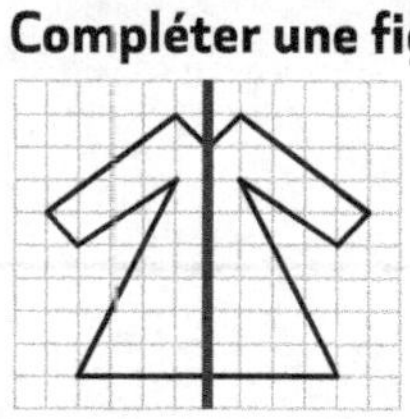

Utiliser le quadrillage pour repérer les extrémités de chaque segment en comptant les carreaux à partir de l'axe de symétrie

7 Sur ce plan d'Essaouira :
- **repasse** en rouge deux rues perpendiculaires ;
- **repasse** en bleu deux rues parallèles.

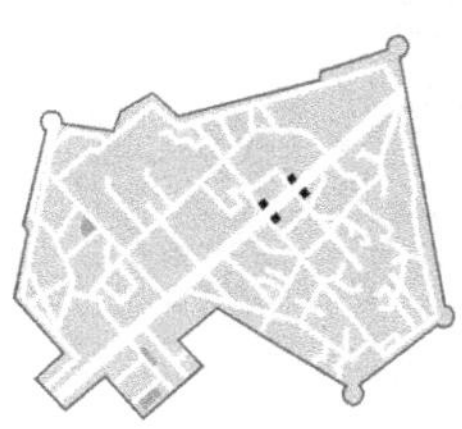

Reconnaître deux droites perpendiculaires et deux droites parallèles.

Rues perpendiculaires

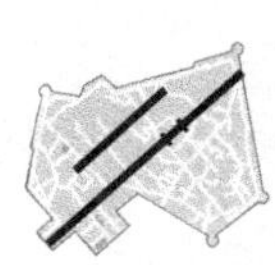

Rues parallèles

8 Problème. Aya a suivi la recette suivante pour préparer un cocktail.
Ce cocktail peut-il être préparé dans un récipient de 1 L ?

Cocktail Grand Sud
- 40 cL de jus d'ananas
- 15 cL de jus de fruit de la passion
- 5 dL de limonade

Résoudre un problème sur les contenances.
Convertir la limonade en cL et la capacité du récipient en L.
5 dL = 50 cL ; 1 L = 100 cL
40 cL + 15 cL + 50 cL = **105 cL** > 100 cL
On ne peut pas préparer ce cocktail dans un récipient de 1 L.

Matériel photocopiable – Leçon 3

Activité 1

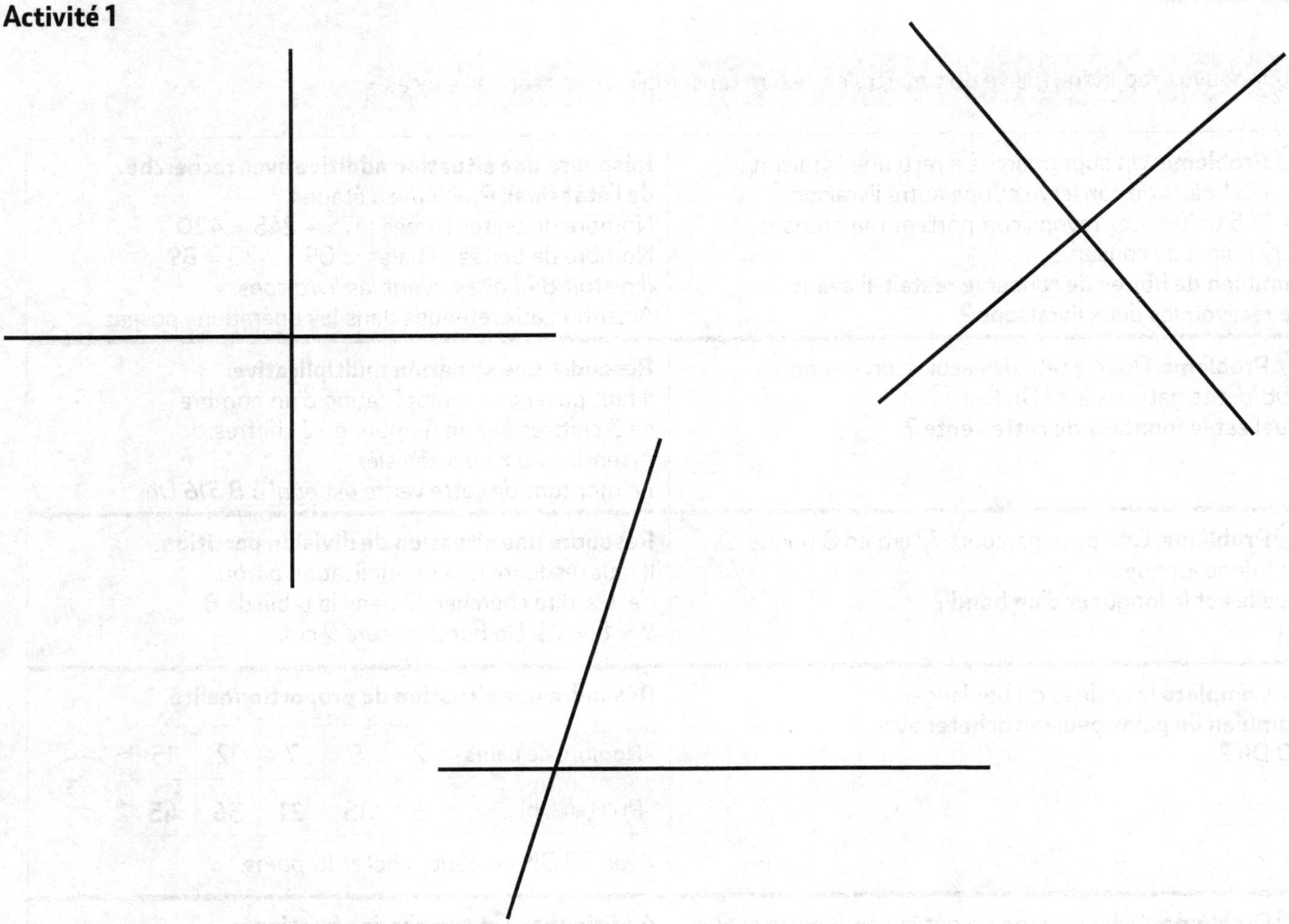

Activité 2

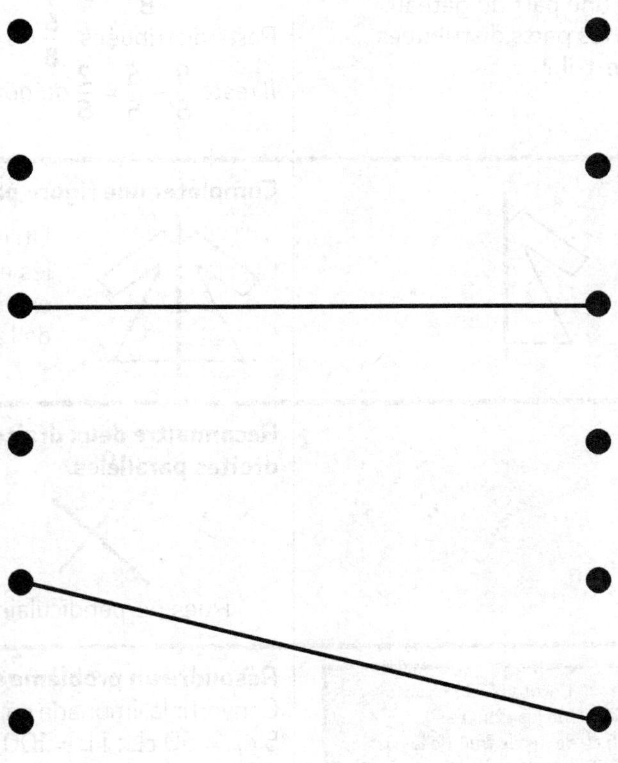

Matériel photocopiable – Leçon 6

1 000 1 000 1 000 1 000 1 000

1 000 1 000 1 000 1 000 1 000

100 100 100 100 100 100

100 100 100 100 100 100

10 10 10 20 20 20 30 30 30

40 40 40 50 50 50 60 60 60

70 70 70 80 80 80 90 90 90

Matériel photocopiable – Leçon 7

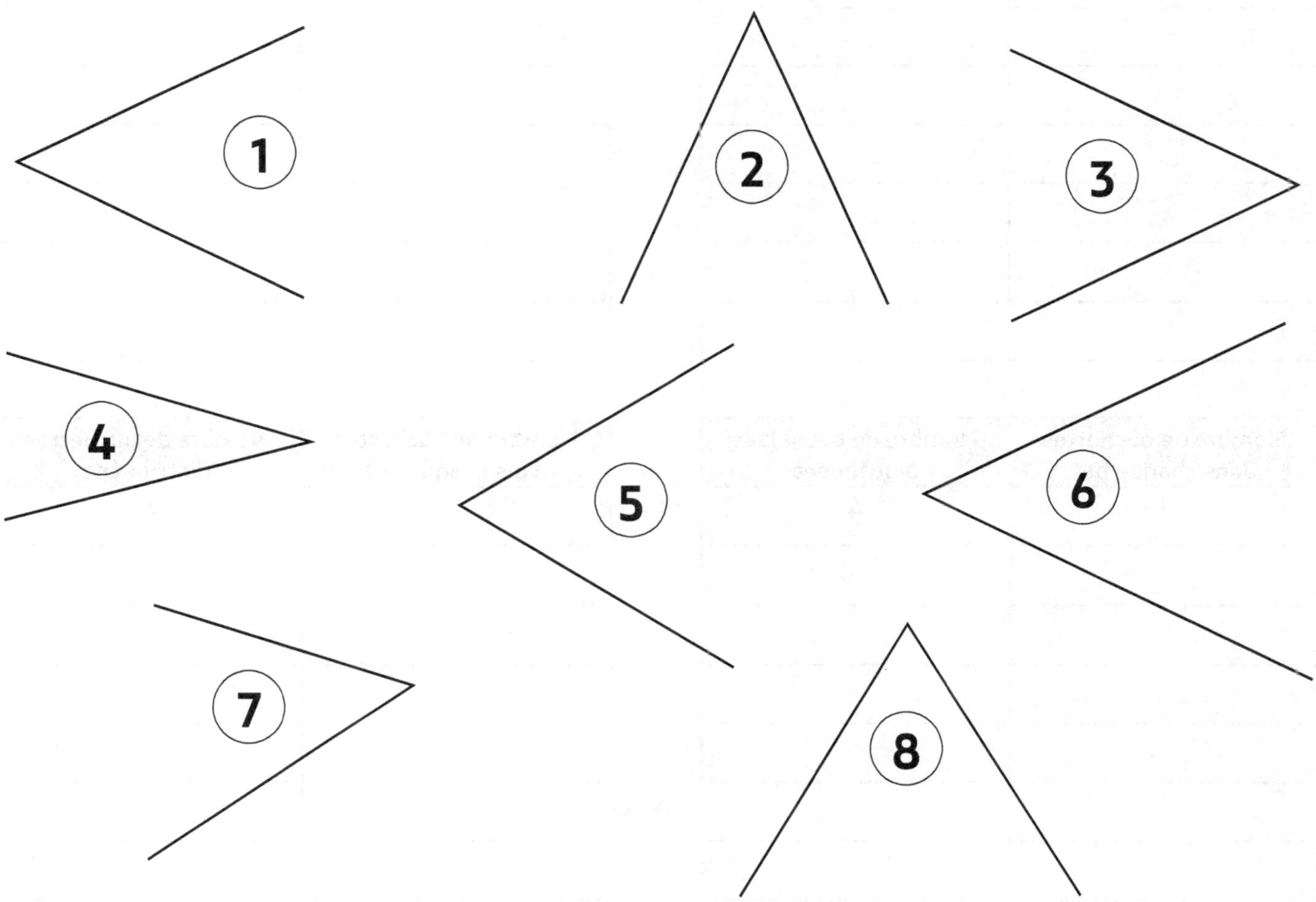

Matériel photocopiable – Leçon 14

Matériel photocopiable – Leçon 15

Nombre de bûchettes dans chaque pot	Nombre de bûchettes distribuées
1	4

Nombre de bûchettes dans chaque pot	Nombre de bûchettes distribuées
1	4

Nombre de bûchettes dans chaque pot	Nombre de bûchettes distribuées
1	4

Nombre de bûchettes dans chaque pot	Nombre de bûchettes distribuées
1	4

Matériel photocopiable – Leçons 19 et 21

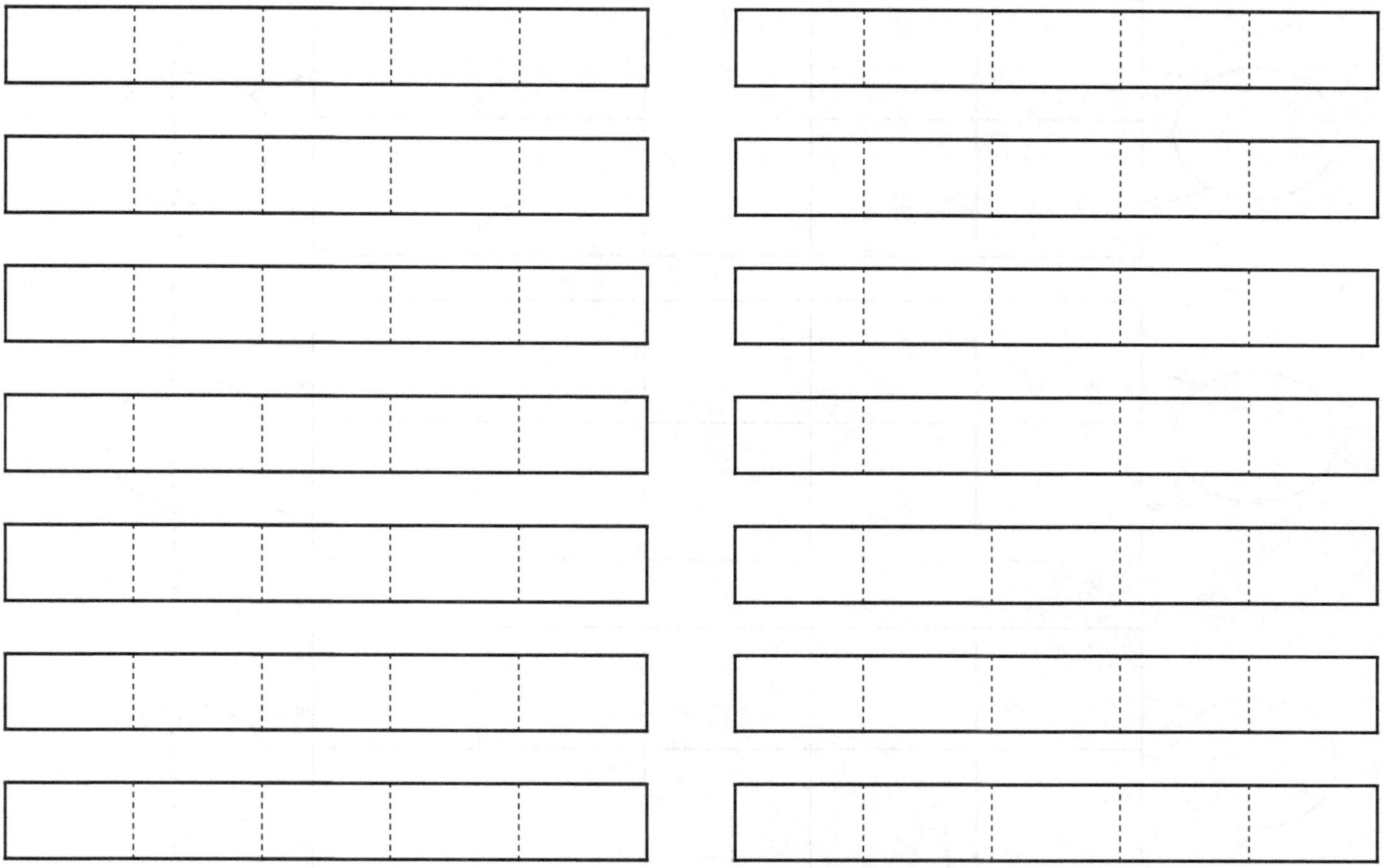

Matériel photocopiable – Leçon 26

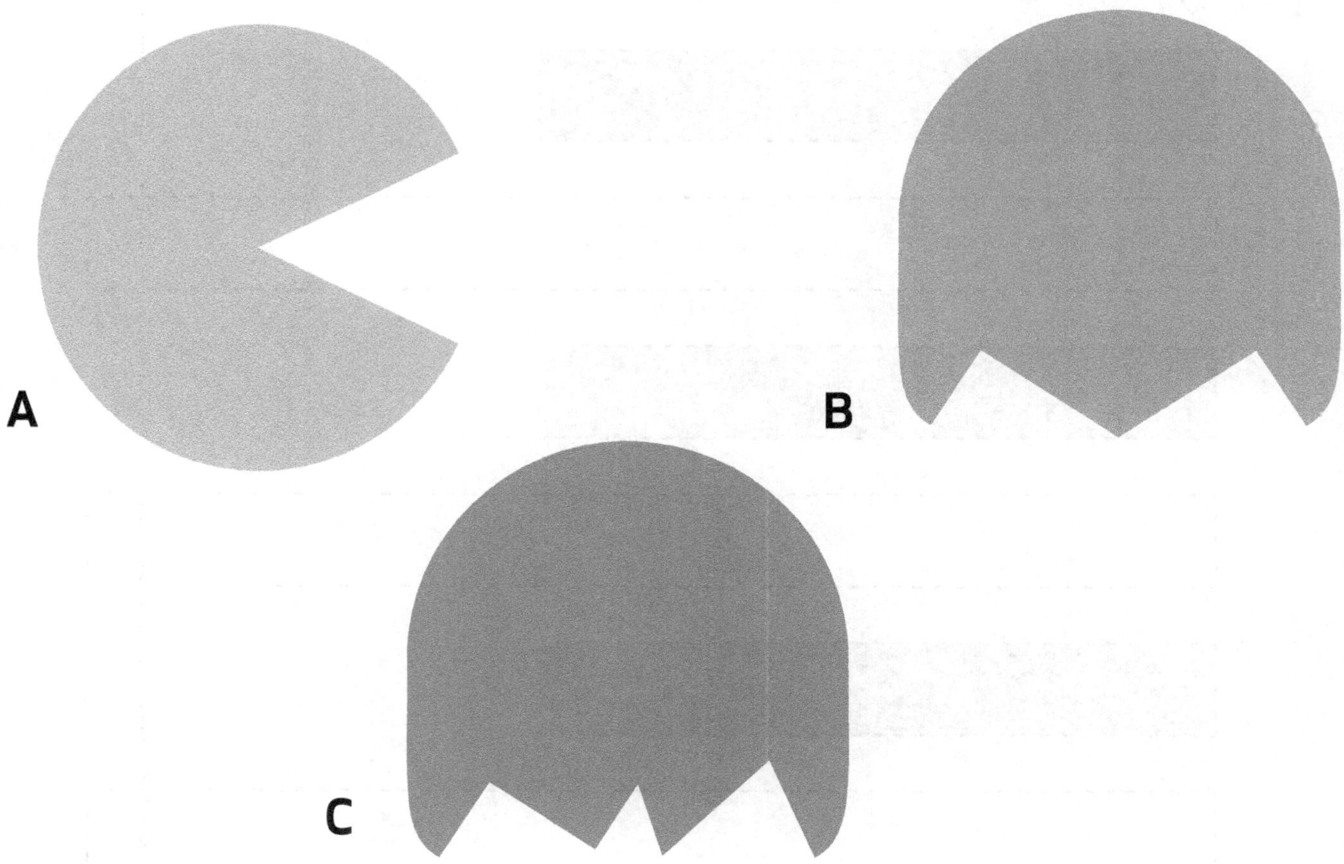

Matériel photocopiable – Leçon 29

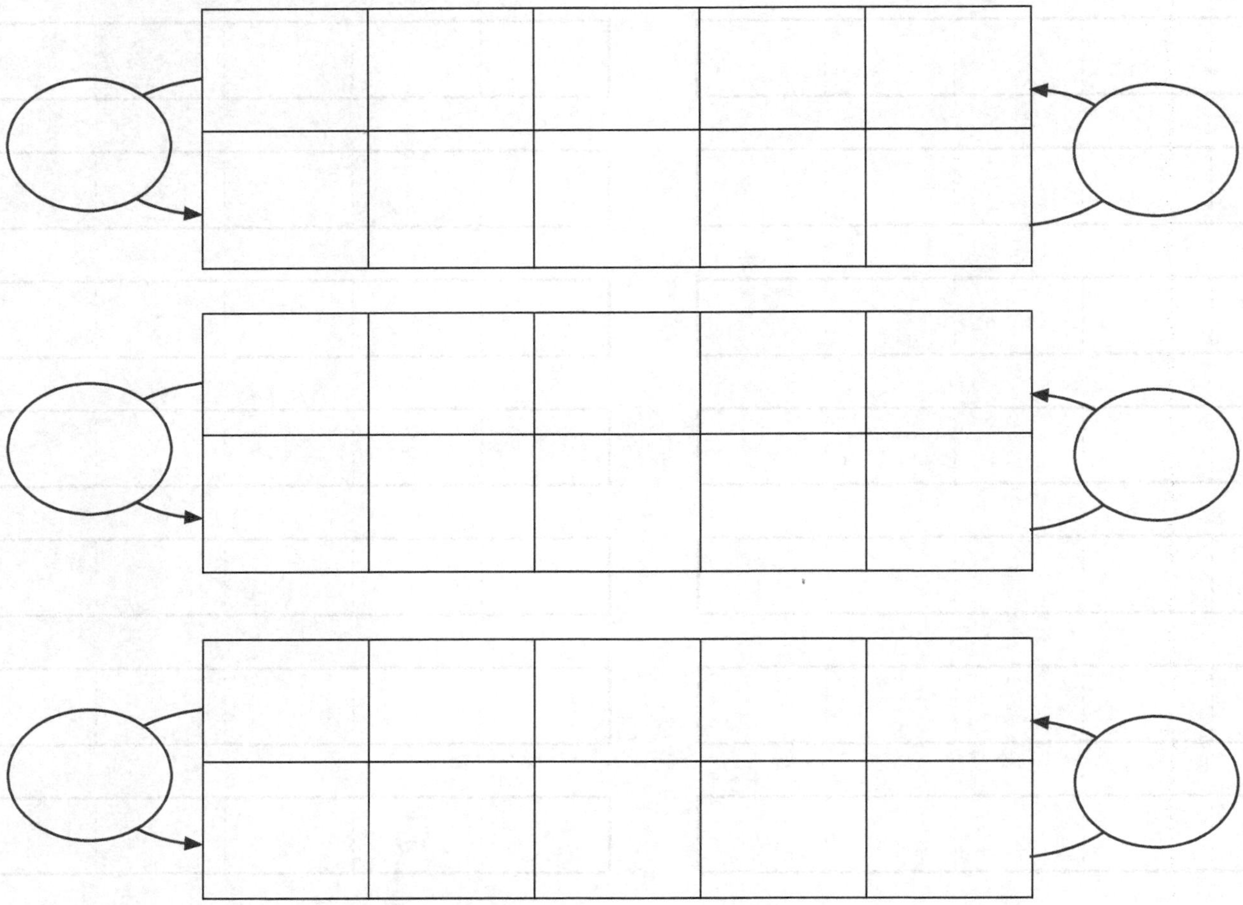

Matériel photocopiable – Leçon 32

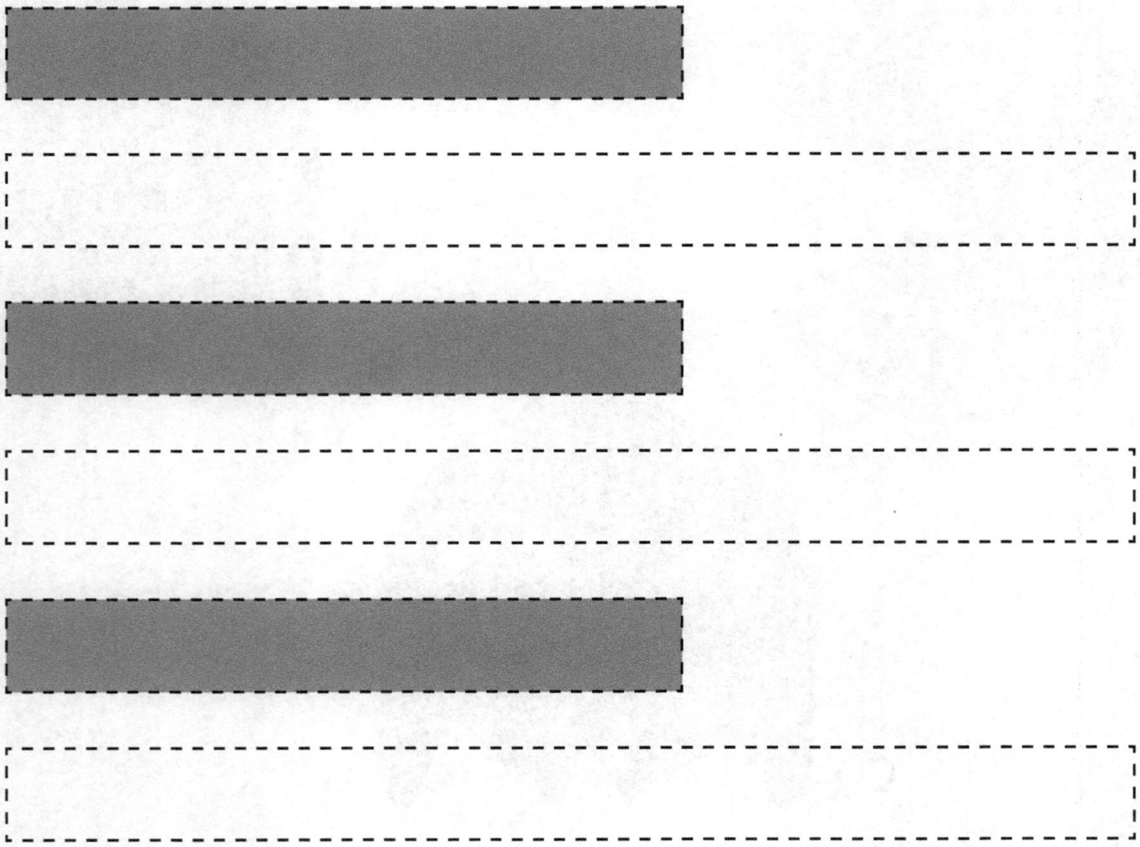

Matériel de numération

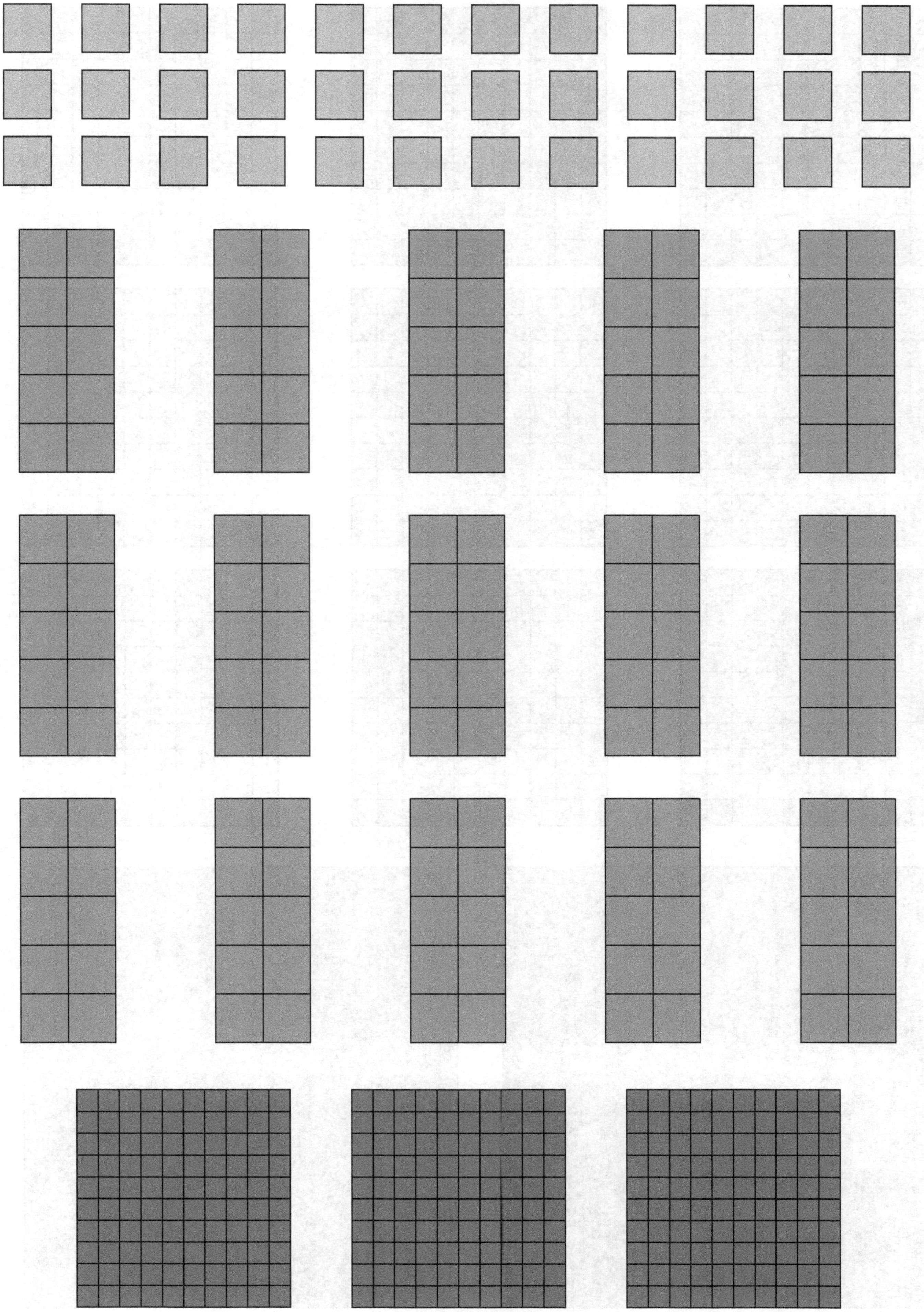

Matériel de numération

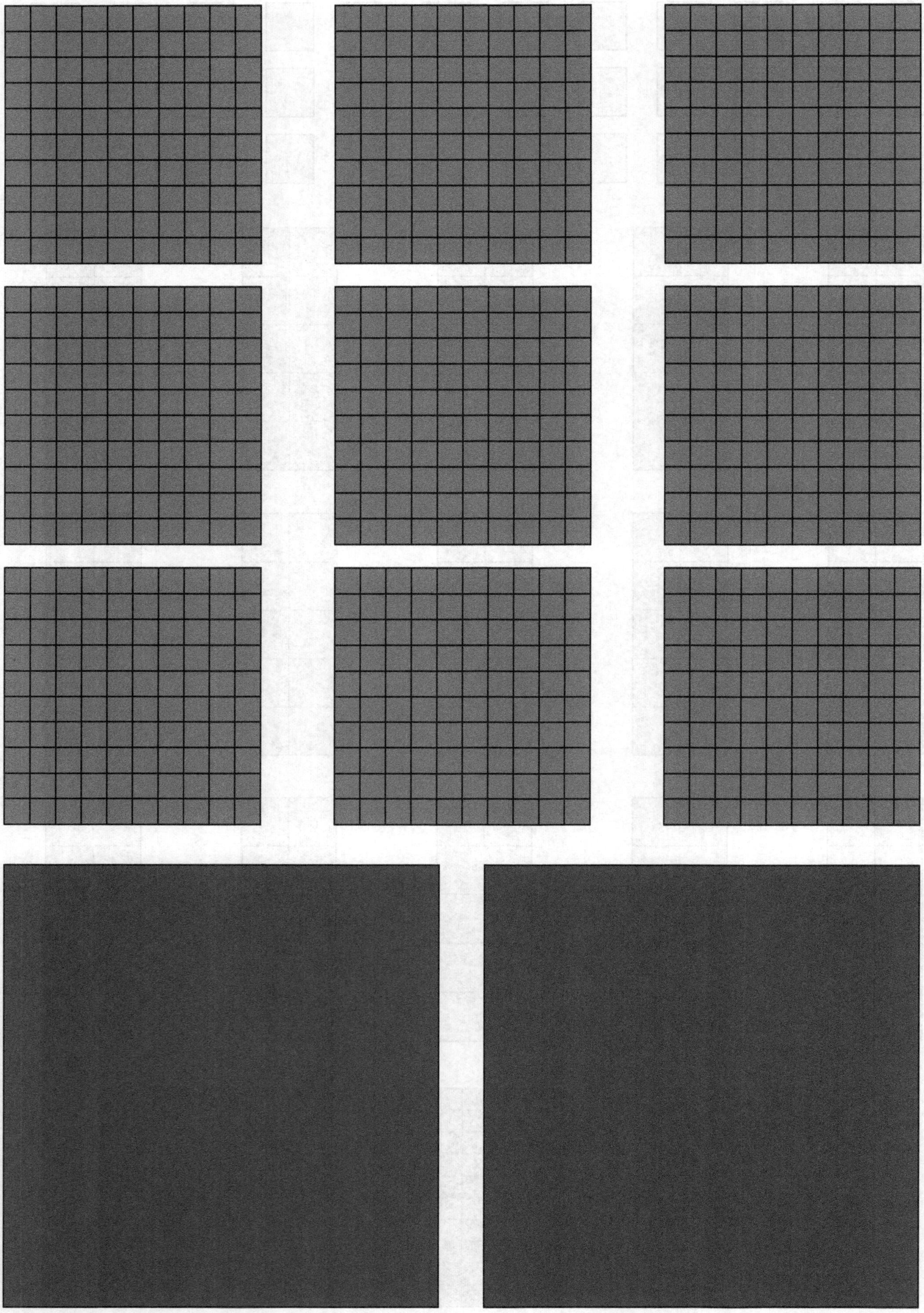

Pièces et billets

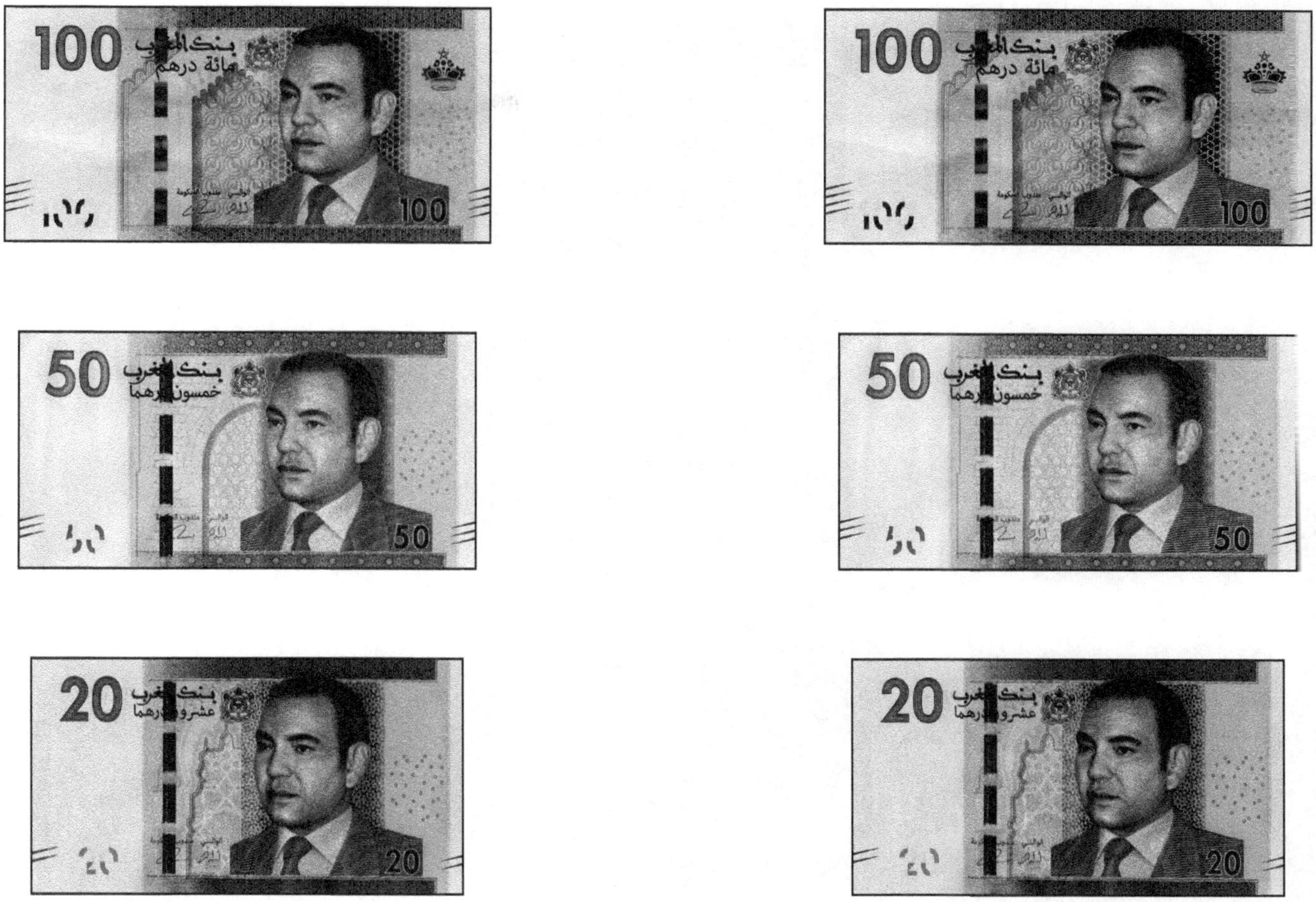

Achevé d'imprimer en juillet 2020
sur les presses de la Nouvelle Imprimerie Laballery – 58500 Clamecy
Dépôt légal : juillet 2020 N° d'impression : 006524
Collection n°85 - Edition n°1 - 11/0948/3
Imprimé en France

La Nouvelle Imprimerie Laballery est titulaire de la marque Imprim'Vert®